IL NUOVO ESAME DI STATO

TEMI SVOLTI DI ATTUALITÀ
PRIMA PROVA SCRITTA

PER TUTTI GLI ISTITUTI SUPERIORI
IN LINEA CON L'ORDINANZA MINISTERIALE DELL'11 MARZO 2019, N. 205

N-EDUCATION

CONCEPT E GRAPHIC DESIGN
Pantaleo MEZZINA
Aranea Internet Marketing srl - Molfetta (Ba)
www.araneamarketing.it

FINITO DI STAMPARE NEL MESE DI MARZO 2019 DA:
Grafica 080 Srl
70026 Modugno (Ba)
Via dei Gladioli, 6 - Z.I. ASI Lotto F1/F2

ISBN 978-88-3358-106-4

Premessa

La tipologia C della prima prova scritta dell'esame di maturità consiste, **per tutti i Licei ed Istituti**, in una riflessione critica a carattere espositivo-argomentativo su tematiche di **attualità**, in ambito **artistico, letterario, filosofico, scientifico, storico, sociale, economico e tecnologico.**

Il testo propone **30 tracce di attualità** - suddivise per ambiti disciplinari - **efficacemente svolte** prendendo avvio da un documento che rappresenta il riferimento e lo spunto per le riflessioni richieste. Le tematiche sono state selezionate tra i problemi di **maggiore attualità, rilevanza e ad alto tasso di probabilità.**

Marzo 2019

Autori

I temi 1-20 sono stati curati da Chiara Natuzzi
I temi 21-30 sono stati curati da Veronica Vernaglione
docenti di italiano, latino e greco

con la collaborazione, nella revisione finale, di Sara Sciotti

SOMMARIO

TEMARIO 30 TRACCE

PARTE I - DOCUMENTAZIONE

PARTE II - TEMI

PARTE III - APPENDICE

Parte I

DOCUMENTAZIONE

Quadro di riferimento per la redazione e lo svolgimento della prima prova scritta dell'esame di Stato

Tutti i percorsi e gli indirizzi dell'istruzione liceale, tecnica e professionale

1) Tipologie di prova

Caratteristiche della prova d'esame
A Analisi e interpretazione di un testo letterario italiano B Analisi e produzione di un testo argomentativo
C Riflessione critica di carattere espositivo-argomentativo su tematiche di attualità
Con riferimento agli ambiti artistico, letterario, storico, filosofico, scientifico, tecnologico, economico, sociale di cui all'art. 17 del D.Lgs. 62/17 e per dar modo ai candidati di esprimersi su un ventaglio sufficientemente ampio di argomenti, saranno fornite sette tracce: due per la tipologia A, tre per la tipologia B e due per la tipologia C.

2) Struttura delle tracce

Tipologia A: Analisi e interpretazione di un testo letterario italiano, compreso nel periodo che va dall'Unità d'Italia ad oggi. Saranno fornite due tracce che possano coprire due ambiti cronologici o due generi o forme testuali.

Tipologia B. Analisi e produzione di un testo argomentativo. La traccia proporrà un singolo testo compiuto o un estratto sufficientemente rappresentativo ricavato da una trattazione più ampia, chiedendone in primo luogo un'interpretazione/comprensione sia dei singoli passaggi sia dell'insieme. La prima parte sarà seguita da un commento, nel quale lo studente esporrà le sue riflessioni intorno alla (o alle) tesi di fondo avanzate nel testo d'appoggio, anche sulla base delle conoscenze acquisite nel suo specifico percorso di studio.

Tipologia C. Riflessione critica di carattere espositivo-argomentativo su tematiche di attualità. La traccia proporrà problematiche vicine all'orizzonte esperienziale delle studentesse e degli studenti e potrà essere accompagnata da un breve testo di appoggio che fornisca ulteriori spunti di riflessione. Si potrà richiedere al candidato di inserire un titolo coerente allo svolgimento e di organizzare il commento attraverso una scansione interna, con paragrafi muniti di un titolo.

Durata della prova: sei ore

Nuclei tematici fondamentali
Sia per quanto concerne i testi proposti, sia per quanto attiene alle problematiche contenute nelle tracce, le tematiche trattate potranno essere collegate, per tutte le 3 tipologie, agli ambiti previsti dall'art. 17 del D. Lgs 62/2017, e cioè: • Ambito artistico, • Ambito letterario, • Ambito storico, • Ambito filosofico, • Ambito scientifico, • Ambito tecnologico, • Ambito economico, • Ambito sociale.

Obiettivi della prova
Gli obiettivi dell'insegnamento dell'italiano riflettono una duplice esigenza, espressa sia dalle *Linee guida* per l'istruzione tecnica e professionale, sia dalle *Indicazioni nazionali* per i licei.

Per la lingua, si tratta di "padroneggiare il patrimonio lessicale ed espressivo della lingua italiana secondo le esigenze comunicative nei vari contesti"; per la letteratura, di raggiungere un'adeguata competenza sulla "evoluzione della civiltà artistica e letteraria italiana dall'Unità ad oggi".

Quanto alla lingua occorrerà distinguere tra le competenze di base, da presupporre per qualsiasi tipo di prova e per qualsiasi tipo di indirizzo, e quelle specifiche.

Tra le prime figurano la padronanza grammaticale, la capacità di costruire un testo coerente e coeso, una sufficiente capacità nell'uso dell'interpunzione e un dominio lessicale adeguato (da saggiare anche attraverso la competenza passiva, a partire da un testo dato).

Per quanto concerne le seconde, più che dell'astratta classificazione della tipologia testuale, con la distinzione tra testi espositivi, argomentativi ecc. (che può valere solo in linea di massima, dal momento che i testi reali presentano abitualmente caratteri in certa misura "misti"), occorre tener conto di caratteristiche inerenti all'argomento trattato e al taglio del discorso con cui esso viene presentato.

Nell'analisi di un testo letterario, sono in primo piano la comprensione degli snodi testuali e dei significati e la capacità di interpretare e far "parlare il testo" oltre il suo significato letterale; il testo andrà messo in relazione con l'esperienza formativa e personale dello studente e collocato in un orizzonte storico e culturale più ampio; nell'analisi e nel commento si dovrà utilizzare un lessico puntuale ed efficace, che vada oltre quello abitualmente adoperato in un discorso orale.

Per la tipologia B, lo studente in primo luogo deve mostrare le capacità: di comprensione del testo dato; di riconoscimento degli snodi argomentativi presenti; di individuazione della tesi sostenuta e degli argomenti a favore o contrari; di riconoscimento della struttura del testo. Deve successivamente produrre un testo di tipo argomentativo anche basandosi sulle conoscenze acquisite nel suo corso di studio.

Nello sviluppo di un elaborato di tipologia C, lo studente deve essere in grado di affrontare con sicurezza un tema dato, di svilupparlo gradualmente mettendo in campo conoscenze acquisite nel corso di studi seguito o giudizi e idee personali. Allo studente si chiede di organizzare le proprie conoscenze e di esporle con proprietà e chiarezza.

Griglia di valutazione per l'attribuzione dei punteggi

Indicazioni generali per la valutazione degli elaborati (MAX 60 pt)
INDICATORE 1 • Ideazione, pianificazione e organizzazione del testo. ○ Coesione e coerenza testuale. INDICATORE 2 • Ricchezza e padronanza lessicale. • Correttezza grammaticale (ortografia, morfologia, sintassi); uso corretto ed efficace della punteggiatura. INDICATORE 3 • Ampiezza e precisione delle conoscenze e dei riferimenti culturali. • Espressione di giudizi critici e valutazioni personali.

Tipologia A
Indicatori specifici per le singole tipologie di prova

Elementi da valutare nello specifico (MAX 40 pt)
• Rispetto dei vincoli posti nella consegna (ad esempio, indicazioni di massima circa la lunghezza del testo – se presenti – o indicazioni circa la forma parafrasata o sintetica della rielaborazione).

- Capacità di comprendere il testo nel suo senso complessivo e nei suoi snodi tematici e stilistici.
- Puntualità nell'analisi lessicale, sintattica, stilistica e retorica (se richiesta).
- Interpretazione corretta e articolata del testo.

Tipologia B

Elementi da valutare nello specifico (MAX 40 pt)
• Individuazione corretta di tesi e argomentazioni presenti nel testo proposto. • Capacità di sostenere con coerenza un percorso ragionativo adoperando connettivi pertinenti. • Correttezza e congruenza dei riferimenti culturali utilizzati per sostenere l'argomentazione.

Tipologia C

Elementi da valutare nello specifico (MAX 40 pt)
• Pertinenza del testo rispetto alla traccia e coerenza nella formulazione del titolo e dell'eventuale paragrafazione. • Sviluppo ordinato e lineare dell'esposizione. • Correttezza e articolazione delle conoscenze e dei riferimenti culturali

NB. Il punteggio specifico in centesimi, derivante dalla somma della parte generale e della parte specifica, va riportato a 20 con opportuna proporzione (divisione per 5 + arrotondamento).

Ministero dell'Istruzione dell'Università e della Ricerca

ESAME DI STATO DI ISTRUZIONE SECONDARIA SUPERIORE

PRIMA PROVA SCRITTA – ESEMPIO TIPOLOGIA C

RIFLESSIONE CRITICA DI CARATTERE ESPOSITIVO-ARGOMENTATIVO SU TEMATICHE DI ATTUALITÀ

«Bisogna proporre un fine alla propria vita per viver felice. O gloria letteraria, o fortune, o dignità, una carriera in somma. Io non ho potuto mai concepire che cosa possano godere, come possano viver quegli scioperati e spensierati che (anche maturi o vecchi) passano di godimento in godimento, di trastullo in trastullo, senza aversi mai posto uno scopo a cui mirare abitualmente, senza aver mai detto, fissato, tra se medesimi: a che mi servirà la mia vita? Non ho saputo immaginare che vita sia quella che costoro menano, che morte quella che aspettano. Del resto, tali fini vaglion poco in sé, ma molto vagliono i mezzi, le occupazioni, la speranza, l'immaginarseli come gran beni a forza di assuefazione, di pensare ad essi e di procurarli. L'uomo può ed ha bisogno di fabbricarsi esso stesso de' beni in tal modo.»

G. LEOPARDI
Zibaldone di pensieri,
in *Tutte le opere*, a cura di W. Binni, II,
Firenze 1988, p. 4518,3

La citazione tratta dallo Zibaldone di Leopardi propone una sorta di "arte della felicità": secondo Leopardi la vita trova significato nella ricerca di obiettivi che, se raggiunti, ci immaginiamo possano renderci felici. Rinunciando a questa ricerca, ridurremmo la nostra esistenza a "nuda vita" fatta solo di superficialità e vuotezza. Ritieni che le parole di Leopardi siano vicine alla sensibilità giovanile di oggi? Rifletti al

riguardo facendo riferimento alle tue esperienze, conoscenze e letture personali.
Puoi eventualmente articolare la tua riflessione in paragrafi opportunamente titolati e presentare la trattazione con un titolo complessivo che ne esprima sinteticamente il contenuto.

Durata massima della prova: 6 ore.
È consentito l'uso del dizionario italiano e del dizionario bilingue (italiano-lingua del paese di provenienza) per i candidati di madrelingua non italiana.

Ministero dell'Istruzione dell'Università e della Ricerca

ESAME DI STATO DI ISTRUZIONE SECONDARIA SUPERIORE

PRIMA PROVA SCRITTA – ESEMPIO TIPOLOGIA C

RIFLESSIONE CRITICA DI CARATTERE ESPOSITIVO-ARGOMENTATIVO SU TEMATICHE DI ATTUALITÀ

La fragilità è all'origine della comprensione dei bisogni e della sensibilità per capire in quale modo aiutare ed essere aiutati.
Un umanesimo spinto a conoscere la propria fragilità e a viverla, non a nasconderla come se si trattasse di una debolezza, di uno scarto vergognoso per la voglia di potere, che si basa sulla forza reale e semmai sulle sue protesi. Vergognoso per una logica folle in cui il rispetto equivale a fare paura.
Una civiltà dove la tua fragilità dà forza a quella di un altro e ricade su di te promuovendo salute sociale che vuol dire serenità. Serenità, non la felicità effimera di un attimo, ma la condizione continua su cui si possono inserire momenti persino di ebbrezza.
La fragilità come fondamento della saggezza capace di riconoscere che la ricchezza del singolo è l'altro da sé, e che da soli non si è nemmeno uomini, ma solo dei misantropi che male hanno interpretato la vita propria e quella dell'insieme sociale.

Vittorino ANDREOLI
L'uomo di vetro. La forza della fragilità,
Rizzoli 2008

La citazione proposta, tratta da un saggio dello psichiatra Vittorino Andreoli, pone la consapevolezza della propria fragilità e della debolezza come elementi di forza autentica nella condizione umana. Rifletti su questa tematica, facendo riferimento alle tue conoscenze, esperienze e letture personali.

Puoi eventualmente articolare la tua riflessione in paragrafi opportunamente titolati e presentare la trattazione con un titolo complessivo che ne esprima sinteticamente il contenuto.

Durata massima della prova: 6 ore.
È consentito l'uso del dizionario italiano e del dizionario bilingue (italiano-lingua del paese di provenienza) per i candidati di madrelingua non italiana.

Parte II

TEMI

AMBITO FILOSOFICO

1. Tolleranza: una diversa prospettiva

Traccia

«*Tolero* compone *tollo* e *onus*, e non può significare che "sopportare", "sostenere un peso". Sopportarlo resistendovi, senza cadere nella fatica. *Tolerans* non è semplicemente colui che regge il peso, ma che persevera in tale sforzo, non semplicemente un "paziente" [...]. Tollerare si riferisce sempre a qualcosa che è visto soltanto come *tolerabilis*: qualcosa che ci affatica, che ci addolora o semplicemente che non ci piace, che è sgradevole, ma in una misura ancora sopportabile. Chi sopporta, il *tolerans*, mostra perciò in tale rapporto la propria forza e la persona o la cosa sopportate il proprio peso, la propria "onerosità", ma – e questo è il tratto essenziale – anche la propria impotenza a far soccombere il primo. Il rapporto non ha alcuna simmetricità: da un lato, un peso che incombe, tutto "negativo", dall'altro una *virtus* che sostiene, che sa resistergli. Di più: da un lato, un *onus* che assale, che piomba addosso; dall'altro una "pazienza" consapevole, che lo affronta e che, alla fine, si dimostra superiore. Sarebbe inconcepibile *tolerare* ciò che non costituisse un *onus*, ma, nello stesso tempo, non si tollera ciò che è tanto forte da sconvolgerci [...]. Ciò che è veramente *grande* può abbatterci soltanto o farci suo; soltanto ciò che avvertiamo come *meno grande* della nostra forza e della nostra *patientia* potrà essere tollerato.»

Il passo è tratto dal saggio di Massimo Cacciari *La maschera della tolleranza*. Lo studioso riflette sul concetto di tolleranza sostenendo che essa non sia semplicisticamente un segnale di

rispetto nei confronti di un pensiero diverso dal nostro, ma quasi una dimostrazione di superiorità di chi tollera rispetto a chi viene tollerato. Facendo riferimento alle tue conoscenze, esperienze e letture personali, rifletti sul rapporto tra tollerante e tollerato e sulla natura di questo atteggiamento.
Eventualmente puoi articolare la tua riflessione in paragrafi opportunamente titolati e presentare la trattazione con un titolo complessivo che ne esprima sinteticamente il contenuto.

Svolgimento

STRUTTURA: Introduzione ■ Breve storia della tolleranza ■ L'asimmetria della tolleranza ■ Quale sinonimo per questa idea di tolleranza

Introduzione

Nell'attuale momento storico sempre più spesso si sente parlare della **tolleranza** in tutte le sue declinazioni: tolleranza religiosa, tolleranza sociale, tolleranza politica.
Comunemente il predetto termine viene utilizzato per indicare **l'atteggiamento di chi dimostra rispetto nei confronti di quanti non hanno il suo stesso pensiero e non credono nei suoi stessi principi**. Tra i sinonimi del termine tolleranza, si richiamano i concetti di **pazienza**, di **apertura mentale**, nonché di **democraticità**. Celebre è la frase «Non sono d'accordo con quello che dici, ma difenderò fino alla morte il tuo diritto a dirlo» (spesso attribuita a Voltaire, ma probabilmente scritta da Evelyn Beatrice Hall), che si può semplicisticamente tradurre nella più moderna espressione "Rispetto, ma non condivido".

Breve storia della tolleranza

La tolleranza ha radici lontane nel tempo e strettamente legate alle **vicende religiose** della storia dell'uomo.

Gli antichi Greci e gli antichi Romani non furono intolleranti nei confronti dei popoli conquistati e che adoravano divinità diverse dalle loro, anzi, essi non ritenevano che gli dèi degli altri fossero una menzogna o una minaccia. Infatti, il periodo storico dell'**Ellenismo**, il quale segue alle grandi conquiste di Alessandro Magno, fu caratterizzato dal **sincretismo religioso**, cioè dalla fusione degli dèi del Pantheon greco con quelli dei popoli orientali conquistati.
Soltanto con la nascita e la diffusione del **cristianesimo** è stato possibile parlare di vera e propria **intolleranza religiosa**. Ciò in quanto il cristianesimo è stata la prima religione monoteista ad imporsi prepotentemente in varie parti del mondo antico.
Il monoteismo assoluto non poteva fondersi con la religione pagana che adorava più dèi e, inoltre, l'adorazione del Messia come unico Re da parte dei cristiani metteva in pericolo la stabilità politica dell'Impero romano che si sentì minacciato e rispose con le prime violente persecuzioni cristiane.
Pertanto, dal **mancato rispetto** e dalla **mancata condivisione di principi religiosi** che non solo erano diversi tra loro, ma erano anche avvertiti come una "insopportabile" minaccia per l'Impero romano, nacque l'intolleranza religiosa.

L'asimmetria della tolleranza

Da tale premessa giungiamo all'interpretazione del termine **tolleranza** data da Cacciari ne *La maschera della tolleranza*.
La teoria del filosofo è incentrata proprio sull'idea della **"sopportazione"** e la stessa etimologia del termine ne è una conferma, poiché «*Tolero* compone *tollo* e *onus*», cioè "sopporto" e "peso", pertanto, non può che voler dire sopportare un peso, non semplicemente reggerlo.
L'immagine della sopportazione ci dà l'idea di qualcosa che è destinato a durare nel tempo, per questo Cacciari parla anche di **perseveranza nella sopportazione**.
L'autore fa luce anche su un aspetto in genere non considerato nella riflessione comune che si sente fare sul principio della tolleranza e cioè **l'asimmetria del rapporto tra chi tollera e**

chi è tollerato.
Nei quotidiani inviti alla tolleranza da parte della Chiesa, di alcune parti politiche nonché da parte degli insegnanti attenti a far sì che nelle scuole non ci siano discriminazioni, l'idea che si trasmette è quella della **tolleranza come strada per l'uguaglianza**, per il rispetto nei confronti di chi ha idee, culture e principi diversi dai nostri.
Ma non è forse vero che essere tolleranti voglia dire sentirsi capaci di **sopportare il peso della diversità altrui** senza esserne sopraffatto? Di conseguenza, il tollerato non sarà forse colui che viene considerato diverso? In questa prospettiva **è difficile parlare di uguaglianza** come meta di un atteggiamento tollerante. Fa riflettere anche la circostanza per cui **i tolleranti** sono di solito **la maggioranza** delle persone di una città, di un Paese o dell'intero mondo, mentre **i tollerati** rappresentano in genere la **minoranza**. Chi stabilisce chi sia a tollerare chi? Autodefinirsi tollerante vuol dire ammettere di sentirsi su un piano superiore, quello dato dall'esser parte di una maggioranza che la pensa nello stesso modo e, nonostante la propria superiorità, non sentirsi minacciato da chi la pensa diversamente, perché il diverso fa parte di una minoranza debole che non può sopraffarci. Proprio quello che non accadde ai Romani, i quali non furono tolleranti nei confronti dei cristiani, perché non furono in grado di sopportare la minaccia da loro rappresentata per l'Impero. **I Romani furono intolleranti nei confronti dei cristiani.**

Quale sinonimo per quest'idea di tolleranza?

Alla luce di questa insolita prospettiva è interessante applicare la nuova concezione di tolleranza nell'attuale contesto politico e sociale.
Oggigiorno, sull'onda del populismo che caratterizza le attuali forze politiche e che condiziona il pensiero di gran parte degli uomini, si sente parlare di **"tolleranza zero"** in plurimi ambiti. Si potrebbe, dunque, affermare che dietro questo slogan ci sia **la paura**, **il sentirsi minacciato** da qualcosa o qualcuno (il

“diverso”) che ci appare più forte di noi.

Ritornando alla ricerca iniziale sul possibile sinonimo di tolleranza, se si volesse mantenere il senso del rapporto asimmetrico tra il tollerante ed il tollerato sul quale ha fatto luce Cacciari nel suo saggio, i termini precedentemente proposti (pazienza, apertura mentale, democraticità) non sarebbero efficaci. La **tolleranza**, piuttosto, sarebbe **l’equivalente di superiorità cosciente** e **l’intolleranza** di **debolezza inconscia**.

AMBITO LETTERARIO

2. Le maschere umane

Traccia

«Ma se il valore e il senso universalmente umano di certe mie favole e di certi miei personaggi [...] consistesse appunto in questo, che una situazione, socialmente anormale, si accetta, anche vedendola a uno specchio, che in questo caso ci para davanti la nostra stessa illusione; e allora la si rappresenta, soffrendone tutto il martirio, finché la rappresentazione di essa sia possibile dentro la maschera soffocante che da noi stessi ci siamo imposta o che da altri o da una crudele necessità ci sia stata imposta, cioè fintanto che sotto questa maschera un sentimento nostro, troppo vivo, non sia ferito così addentro, che la ribellione alla fine prorompa e quella maschera si stracci e si calpesti? [...] è la maschera per una rappresentazione; il giuoco delle parti; quello che vorremmo o dovremmo essere; quello che agli altri pare che siamo; mentre quel che siamo, non lo sappiamo, fino a un certo punto, neanche noi stessi; la goffa incerta metafora di noi; la costruzione, spesso arzigogolata, che facciamo di noi, o che gli altri fanno di noi: dunque, davvero, un macchinismo, sì, in cui ciascuno volutamente, ripeto, è la marionetta di se stesso; e poi, alla fine, il calcio che manda all'aria tutta la baracca.»

Il passo è tratto da *Avvertenza sugli scrupoli della fantasia*, un'appendice che Luigi Pirandello aggiunse in occasione di una nuova pubblicazione del romanzo *Il fu Mattia Pascal*. Pirandello parla della vita come di una "rappresentazione" che l'uomo porta avanti indossando una maschera autoimposta o che gli è

stata imposta da altri, la quale rappresenta l'immagine di sé che l'uomo vorrebbe o sente che dovrebbe avere. Trasferendo la citazione pirandelliana nel contesto sociale odierno rifletti sul rapporto immagine-persona facendo riferimento alle tue conoscenze, esperienze e letture personali.
Eventualmente puoi articolare la tua riflessione in paragrafi opportunamente titolati e presentare la trattazione con un titolo complessivo che ne esprima sinteticamente il contenuto.

Svolgimento

STRUTTURA: La maschera pirandelliana. ■ Una teoria attuale. ■ Quale via d'uscita.

La maschera pirandelliana.

Nel romanzo *Il fu Mattia Pascal*, pubblicato nel 1904, il protagonista, per fuggire ad una vita deludente, decide di far credere ad amici e parenti di esser morto e assume la nuova identità di Adriano Meis. Questa nuova vita, però, si rivelerà presto povera di soddisfazioni al pari della precedente poiché egli, privo di documenti e di una vera identità sociale, non potrà viverla davvero.
Nel romanzo, Pirandello, attraverso la storia di Mattia Pascal rivela tutta la complessità della **teoria delle maschere, secondo la quale ognuno di noi nella vita di tutti i giorni recita una parte**. Il motivo è semplice: l'uomo vive in una società nella quale si sente obbligato a conformarsi a ciò che la comunità esige, ma, allo stesso tempo è consapevole di recitare una parte, di non essere il vero sé stesso e questo lo porta alla sofferenza.
Secondo l'autore è questa **la causa della crisi esistenziale dell'uomo moderno**. Il tema viene affrontato da Pirandello per la prima volta ne *Il fu Mattia Pascal*, ma sarà ripreso anche successivamente nel romanzo *Uno, nessuno e centomila*, dove

il protagonista deve fare i conti anche con la frantumazione della propria identità in identità multiple.

Una teoria attuale.

I temi affrontati da Pirandello sono quanto mai attuali. Infatti, è vero ancora oggi che per non sentirci diversi ed emarginati dobbiamo adeguarci ai valori ed alle opinioni correnti e poco importa se essi siano i valori in cui noi crediamo davvero o le opinioni di cui siamo profondamente convinti. Quest'**esigenza di uniformarci** ha come inevitabile corollario che la nostra **vita intera diventa una recita**. Chi non accetta le regole imposte non può inserirsi nella società e non viene riconosciuto da essa. È un nessuno. La diffusione dei **social network** ha reso ancora più evidente tutto ciò. Il mondo ci vuole belli? Allora eccoci intenti a condividere foto mettendo in mostra il nostro profilo migliore con filtri e ritocchi che possano renderci più gradevoli agli occhi degli altri. Il mondo, però, ci vuole anche bravi, sempre in gamba e impegnati a raggiungere importanti obiettivi: al via, dunque, condivisioni di post, foto o quant'altro faccia capire ad amici, parenti o a perfetti sconosciuti che siamo persone di successo e sempre soddisfatte. **Spesso fingiamo**, purtroppo, **anche la felicità**: sebbene non ci sia una legge scritta e nessuno lo affermi mai esplicitamente, nella società moderna è vietato essere infelici. Se riflettiamo su questi pochi aspetti ci rendiamo conto che, chi più chi meno, **siamo tutti quanti vittime di una società che ci impone come essere e come comportarci, pena l'esclusione dal consorzio umano.**

Una duplice interpretazione di maschera.

Il termine **"persona"** indicava originariamente **la maschera** che ricopriva il volto dell'attore di teatro e che, in base alle sue fattezze ed espressioni, aveva la funzione di indicare con immediatezza allo spettatore il ruolo e la funzione del personaggio sulla scena.

Queste antiche maschere teatrali avevano una grande apertura all'altezza della bocca che permetteva al suono della voce di diffondersi nell'ampio spazio del teatro. È proprio da questa

caratteristica che deriva etimologicamente il termine persona, da "per" e "sonare", **suonare attraverso**: la maschera era una cassa di risonanza per la voce dell'attore.
Alla luce di questa spiegazione, emerge una interessante riflessione. Si potrebbe affermare che l'indossare una maschera possa avere un **duplice significato**.
Un primo significato, più comune, è quello di **nascondere il nostro vero volto**, interpretando il ruolo che in quel momento e in quella circostanza la società imporrebbe, con conseguente **annullamento dell'io reale**.
Un altro e diverso significato, meno ricorrente, potrebbe essere l'utilizzo della maschera come megafono, come **strumento che attiri l'attenzione su di noi** per poi far fuoriuscire la nostra voce amplificata, realizzando una **manifestazione dell'io reale**.
Il primo significato è quello che noi uomini spesso ci limitiamo a dare alle nostre maschere, sfruttandole come scudo contro i colpi della disapprovazione sociale e tutto ciò ci limita; il secondo significato è una sorta di ribellione alla maschera stessa, è come dire: "Sì ho indossato la maschera che mi avete attribuito, ma ora che mi avete accettato tra voi vi mostro la mia vera voce e il mio vero io". La ribellione fa cadere le maschere.

Quale via d'uscita.

La conclusione de *Il fu Mattia Pascal* è negativa, perché al protagonista non resta che estraniarsi dal crudele meccanismo sociale diventando osservatore della vita altrui, mentre della propria vita non rimane che una tomba su cui c'è scritto il suo nome. Il romanzo finisce dunque con l'immagine della morte, della fine di tutto (anche della recita) come conseguenza dell'aver tentato di strapparsi di dosso la maschera imposta. **La ribellione per Pirandello non può essere la soluzione.**
Immaginiamo che, ad un certo punto, ci rendessimo conto di vivere una vita che in realtà non ci sembra appartenere, di aver fatto determinate scelte (il tipo di scuola, il genere lavoro, il compagno o la compagna) perché erano quelle che la maggior parte delle persone si aspettava che noi facessimo.

Immaginiamo anche che, divenuti tristemente consapevoli di tutto ciò, per paura che un'inversione di marcia nel cammino della nostra vita possa farci perdere la stima e l'affetto di tutti coloro che ci circondano oltre che tutto quello che abbiamo costruito, continuassimo a vivere quella vita e a recitare (questa volta però consapevoli della finzione). Quale potrebbe essere un finale a questa scelta se non tragico anch'esso? Nell' *Avvertenza sugli scrupoli della fantasia*, Pirandello scrive che **l'uomo, il quale diventa volutamente marionetta di sé stesso, diventa poi egli stesso «il calcio che manda all'aria tutta la baracca.»**

Diverse sono le possibili interpretazioni di quello che Pirandello definisce calcio: autoemarginazione, pazzia o addirittura suicidio.

L'uomo quindi non ha via di scampo alla tragicità del proprio destino? **La società che l'uomo ha creato, in realtà, non è a misura di uomo.** Chi solleva il velo di Maya dell'illusione che chiamiamo vita e decide di cercare il proprio io, probabilmente non ha molte possibilità di sfuggire alla solitudine ed alla sconfitta.

AMBITO STORICO-SOCIALE

3. Il terrorismo nell'era dei social

Traccia

«Un altro punto importante nel modus operandi dell'ISIS è la sua penetrante strategia di comunicazione globale e di propaganda. Le terribili immagini delle esecuzioni pubbliche degli ostaggi e degli "infedeli" in genere – costoro non vengono solo uccisi ma la morte viene conferita loro con modalità particolarmente brutali e spettacolari – vengono rese pubbliche in tutto il mondo via web allo scopo di generare negli avversari grande terrore. [...] La pubblicità di tutto questo terrore – sono tutt'altro che rare le immagini di esecuzioni postate su Twitter o diffuse su YouTube – ha un ulteriore obiettivo: esaltare le menti al fine di reclutare sempre più adepti e miliziani; i social network, le applicazioni e i forum sono un mezzo ottimale per raggiungere un pubblico sempre più ampio e parlare ai giovani – uomini e donne – andando a manipolare quei sentimenti di rabbia, protesta e confusione che sono presenti tra i migranti di seconda e terza generazione nelle periferie delle grandi metropoli occidentali. [...] Per queste ambizioni viene adottato il cosiddetto "modello fast food", lo Stato islamico diviene un brand [...]. «Nel nome di Dio, clemente e misericordioso, giuriamo la nostra fedeltà all'Emiro dei Credenti e Califfo dei Musulmani, ...» è la cosiddetta Bay'a [...] che si recita davanti ad una videocamera, si twitta e poi si aspetta che il califfo al-Baghdādī mandi un suo emissario affinché si possa fondare una "succursale" dello Stato islamico.»

Quest'estratto è stato selezionato da un articolo di Stefano D'Auria intitolato *Il terrorismo islamista: dalle origini allo stato islamico: strategie e normative di contrasto*. L'autore, il cui obiettivo con questo contributo è quello della ricerca di metodi per contrastare il nuovo terrorismo islamico, si sofferma per gran parte del capitolo sull'analisi della "penetrante strategia di comunicazione globale e di propaganda" dell'ISIS e su come il *modus operandi* sia cambiato dai tempi in cui Al Qaeda era la principale organizzazione terroristica islamica. Facendo riferimento alle tue conoscenze, esperienze e letture personali, rifletti sul tema delle nuove strategie terroristiche.
Eventualmente puoi articolare la tua riflessione in paragrafi opportunamente titolati e presentare la trattazione con un titolo complessivo che ne esprima sinteticamente il contenuto.

Svolgimento

STRUTTURA: Il terrorismo 2.0. ■ La necessaria appartenenza al gruppo. ■ Una possibile soluzione.

Il terrorismo 2.0.

La diffusione del **web 2.0** ha cambiato la nostra vita ed il mondo sotto diversi aspetti, anche quelli più impensabili. È il caso del terrorismo. Anche **i terroristi** hanno saputo **sfruttare i vantaggi delle nuove tecnologie** per approntare una **strategia comunicativa** sempre più complessa ed efficace. I loro scopi, ovviamente, sono tutt'altro che rassicuranti, poiché attraverso i social network ed internet fanno leva sulle fragilità che sempre hanno accompagnato l'umanità, **la paura e l'insicurezza.**
Come sottolinea il giornalista Stefano D'Auria, l'utilizzo di **Twitter o Youtube** come **strumenti di terrore** ha un duplice scopo. Anzitutto, i social network facilitano la diffusione di video e foto su internet sino a renderli virali, suscitando così un **senso**

di pericolo negli avversari attraverso una vera e propria comunicazione del terrore. Allo stesso tempo, però, essi riescono ad **intercettare e reclutare nuovi miliziani** esaltando le loro menti con immagini forti, facendo leva sul sentimento di emarginazione e sul desiderio di rivalsa sociale di alcuni giovani musulmani che, sebbene nati e vissuti in Europa, si sentono ghettizzati e "diversi" nella società occidentale.

La necessaria appartenenza al gruppo.

Probabilmente questa percezione di **esclusione dalla comunità** nella quale essi sono nati e cresciuti **spinge alcuni musulmani** (forse quelli più fragili socialmente e psicologicamente) **a voler far parte di un gruppo nel quale riconoscersi**.
È principalmente a loro che si rivolgono i **c.d. terroristi 2.0**, i quali trasmettono ai musulmani emarginati un'idea di **collettività**, di **appartenenza** ed **unione attraverso il web**.
Qualche tempo fa l'ISIS ha diffuso una guida destinata agli aspiranti *mujāhidīn* nella quale si affermava che i veri e propri combattenti erano importanti per l'organizzazione terroristica, ma altrettanto **fondamentale** era **il ruolo** di tutti coloro che collaboravano nella **creazione di contenuti multimediali** da diffondere attraverso internet e la rete social.
In questo modo il web diventa strumento per la *jihad* mediante cui diffondere l'idea che chiunque possa fare la propria parte e riceverne i meriti, anche con poco, indipendentemente dal grado di attivismo o di partecipazione nel movimento. Ormai i terroristi non necessitano più di spostarsi per riunirsi fisicamente (in appartamenti, moschee...), **il luogo di riunione prediletto è il web** insieme alle chat room.
È possibile definire i **moderni *jihadisti*** anche come **operatori *freelance* del terrorismo**, in quanto spesso dimostrano di operare in autonomia, sebbene l'idea di "lupo solitario" (come spesso vengono definiti) possa essere fuorviante e far credere che essi siano totalmente sciolti dall'organizzazione terroristica. Ciò è difficilmente credibile, ma certamente

aumenta nei cittadini il senso di insicurezza e di imprevedibilità di attacchi.
Le esecuzioni dell'ISIS sono spesso pubbliche e i video e le immagini violente vengono elaborate con molta attenzione. È lecito domandarsi se tutto questo abbia a che fare con una debolezza economica, militare e politica interna al *Daesh* (altro termine per indicare ISIS), consci della quale i terroristi utilizzano la propaganda come una forza moltiplicatrice per ampliare l'impatto delle loro azioni.
Da questo punto di vista, per il successo o l'insuccesso della nuova strategia terroristica è fondamentale la **reazione del mondo occidentale** comprensivo dei giornalisti, dei politici e dell'opinione pubblica. Le azioni eclatanti dell'ISIS hanno determinato una trama mediatica alla quale **i media** occidentali si sono agganciati facilmente, ciò fa presumere che gli estremisti islamici conoscano i media occidentali molto bene, poiché sanno quali sono le immagini che essi ricercano ed hanno dato loro ciò che esattamente volevano.
Questo meccanismo infernale vede i cittadini in un certo senso protagonisti, perché i media sono portati a **trasmettere gli spettacoli di violenza e le notizie di attentati** anche più di quanto sarebbe necessario, proprio perché sanno che **il pubblico è attirato da questi contenuti**. Le dirette durante gli attacchi terroristici sono sempre seguite da milioni di persone e per questo i media danno ad essi grande rilevanza.
Inoltre, **anche i cittadini**, che siano testimoni o meno degli assalti, tramite i social **possono diffondere informazioni**, video, foto e considerazioni; gli utenti spesso utilizzano gli *hashtag* con la conseguenza di rendere ancora più virali gli episodi violenti (si pensi a #JeSuisCharlie in occasione dell'attacco alla sede del giornale Charlie Hebdo, o ai vari #Prayfor in occasione delle stragi nelle principali città europee).
Spinti dall'onda dell'emotività siamo portati impulsivamente a condividere contenuti di diversi tipi, sia con lo scopo di diffondere informazioni sia con la volontà di **mostrare solidarietà** alle vittime degli attacchi. Spesso ci sentiamo impotenti di fronte agli episodi di inaudita violenza terroristica

e per questo siamo noi stessi ad avere bisogno di far sentire la nostra vicinanza a chi soffre.

Una possibile soluzione.

Cosa fare dunque? Limitare la copertura e di conseguenza la risonanza mediatica di queste vicende? Probabilmente non è questa la soluzione, in quanto il rischio che ne consegue è quello di favorire la censura e far nascere un senso di sfiducia nei media da parte dei cittadini. I media occidentali possono leggermente ampliare o frenare le conseguenze di questa nuova logica propagandistica, ma non possono porvi rimedio in maniera definitiva.
L'unico comportamento possibile è **la ricerca di un equilibrio**: si mantenga pure **la libertà di informazione** (non sarebbe civile un Paese nel quale tale libertà non fosse garantita), ma essa deve essere **gestita con responsabilità**. L'eccessivo clamore e il gran numero di passaggi in tv di scene di attacchi terroristici porta i cittadini ad avere quasi più paura di morire per un attacco terroristico che per un incidente stradale, mentre le statistiche dicono che accade esattamente il contrario. **Bisogna parlare di terrorismo nei contesti giusti e con le parole giuste**, né amplificando il potenziale pericolo né sottovalutando il problema. Infatti il terrorismo non è fra le maggiori cause di morte, ma ha senza dubbio cambiato le nostre vite e il mondo.
Fa riflettere rendersi conto del fatto che i mezzi di comunicazione che noi usiamo continuamente per inviare messaggi nella quotidianità o per condividere momenti della nostra vita anche banali, siano usati da altri per seminare terrore.
Il **progresso tecnologico** ha consentito di **rompere limiti spazio-temporali** e di essere costantemente connessi con il mondo, ma tutto ciò viene usato per comunicare odio. Essere sempre raggiungibili o in grado di essere raggiunti facilmente è qualcosa che, per certi versi, ci dà un senso di sicurezza e ci fa sentire meno soli. Il terrorismo, però, sfrutta a proprio

vantaggio queste opportunità: se nella nostra **società iperconnessa** siamo sempre raggiungibili, vuol dire che siamo **vulnerabili ad attacchi inaspettati** in qualsiasi luogo e momento. L'iperconnessione amplifica in modo esponenziale la sensazione di **continua insicurezza**.

AMBITO SCIENTIFICO

4.
Il mare e le isole... di plastica

Traccia

«La plastica non è solo uno di quei materiali capaci di rivoluzionare la nostra vita, ma è, purtroppo, uno dei problemi ambientali più preoccupanti, poiché va ad ammassarsi in oceani - ambienti una volta incontaminati - e in discariche a cielo aperto. Nella porzione di oceano Pacifico che si trova tra la California e le isole Hawaii, nel 1997 fu scoperto per la prima volta il cosiddetto Pacific Trash Vortex, una sterminata macchia di rifiuti, grande quanto il Texas, che galleggia sulle acque. Ora, nell'oceano Atlantico, gli scienziati hanno notato qualcosa di analogo: un enorme ammasso di rifiuti che fluttua a sud delle isole Bermuda. È stato creato dalle correnti marine che trasportano per centinaia di chilometri i rifiuti prodotti dal Nord America. Alla Great Pacific Garbage Patch (di 3,5 milioni di tonnellate), si aggiunge, dunque, anche la sua copia gemella nell'Atlantico. Messe insieme, le due raggiungono l'estensione dell'Europa. [...] Questo continente galleggiante di rifiuti contiene Pvc, bisfenolo A e altre sostanze tossiche e cancerogene e non sparirà prima di centinaia di migliaia di anni. [...] "Ho rinvenuto nello stomaco di uccelli marini accendini, spazzolini da denti, siringhe. - sottolinea Marcus Eriksen della Algalita Marine Research Foundation - Questa enorme massa fluttuante di rifiuti rappresenta però un pericolo non solo per pesci, volatili, tartarughe e mammiferi marini, ma anche per la vita dell'uomo. La plastica si degrada molto lentamente e frammenti e detriti agiscono come spugne che assorbono composti chimici micidiali per la nostra salute e per quella degli animali, come Ddt e policlorobifenili. Ingeriti dagli organismi marini, entrano nella catena alimentare e da qui raggiungono l'uomo."»

Stefano Pisani, giornalista scientifico, ha pubblicato nella rivista di ecologia e scienza *Micron* un articolo dal titolo *Un oceano di plastica*, dal quale è stato estrapolato questo estratto. Il giornalista riflette su un problema ecologico che ormai da decenni si fa sempre più evidente e che vede una costante crescita, quello delle cosiddette "isole di plastica". Facendo riferimento alle tue conoscenze, esperienze e letture personali, rifletti sul rapporto tra tollerante e tollerato e sulla natura di questo atteggiamento.
Puoi articolare la tua riflessione anche in paragrafi opportunamente titolati e presentare la trattazione con un titolo complessivo che ne esprima sinteticamente il contenuto.

Svolgimento

STRUTTURA: Isole di plastica: siamo in tempo per un'inversione di rotta? ■ Educazione dell'individuo ad una riduzione del consumo di plastica.

Isole di plastica: siamo in tempo per un'inversione di rotta?

L'articolo del giornalista scientifico Stefano Pisani affronta la grande **emergenza ecologica dell'inquinamento dei mari causato plastica**. In particolare, egli fa riferimento a due cosiddette "isole di plastica", anche se oggi, purtroppo, sembra che nel mondo ce ne siano più di due.
Il giornalista parla del ***Pacific Trash Vortex***, noto anche come *Great Pacific garbage patch*, una grande chiazza di spazzatura che galleggia in un'area dell'**Oceano Pacifico** compresa tra le isole Hawaii e la California. Questo cumulo di rifiuti, secondo gli studiosi, coprirebbe un'area pari all'intero Stato del Texas.
Di quest'"isola" si cominciò a parlare sin dal 1997, ma sembra che recentemente sia stata tristemente scoperta **un'"isola" gemella nell'Oceano Atlantico**. Insieme, le due "isole"

coprirebbero l'intera area del continente europeo.
Il motivo per cui si formano questi grandi ammassi di rifiuti è legato alle correnti marine degli oceani che, con i loro movimenti vorticosi, attirano al loro centro tutta la plastica galleggiante sulle superfici oceaniche per chilometri e chilometri.
Come afferma Pisani, queste tonnellate di plastica negli oceani **contengono PVC e altre sostanze cancerogene e altamente tossiche che vengono ingerite dai pesci**, i quali le scambiano per prede facilmente catturabili. È inevitabile, così, che queste sostanze entrino a far parte della nostra stessa catena alimentare e, dunque, sono **pericolose non solo per gli esseri degli ambienti marini, ma anche per noi**. Questo è il primo grande pericolo.
Conseguenza altrettanto grave si ha dal punto di vista dell'**ecosistema marino**, poiché a causa della considerevole presenza di plastica nel mare **spariscono milioni di uccelli marini e migliaia di esemplari di mammiferi**, mentre **i fondali e le barriere coralline vengono danneggiate irrimediabilmente.**
Parlando di "isole" di plastica però, si corre il rischio probabilmente di trasmettere una visione distorta di quella che è invece la realtà. I cumuli di spazzatura, infatti, non sono un'area solida e compatta e tutta la plastica presente negli oceani non è circoscritta a queste grandi aree. La situazione appare ben peggiore se si pensa che i rifiuti plastici, sebbene non completamente biodegradabili, sono soggetti a deterioramento e col tempo da grandi pezzi di plastica **si creano milioni di microplastiche**. È facile capire che questi microscopici frammenti si trovino **dispersi in tutta la massa oceanica** del nostro pianeta e soprattutto si depositino nei fondali marini. Inoltre, gli stessi frammenti rimangono intrappolati temporaneamente sulle coste e sulle spiagge, o vengono ingeriti dai pesci. Pensare che queste isole rappresentino gli unici rifiuti plastici nei nostri oceani è quantomeno ottimistico, se non ingenuo.
Inoltre, il mare viene riguardato anche da **importanti problematiche climatiche**, quali **l'aumento del livello**

dell'acqua e l'aumento delle temperature (anche questi causati dall'uomo). Pertanto, è ancora più evidente come quello dell'inquinamento dei mari causato dalla plastica sia una problematica che necessita di un intervento urgente e non più rimandabile.
I mass media riportano che **ogni minuto vengono vendute nel mondo più di un milione di bottiglie di plastica**.
Il **consumo eccessivo** di plastica rappresenta un problema in virtù del fatto che la plastica viene prodotta con **materiali altamente resistenti e difficilmente degradabili**. A ciò si aggiunga la considerazione che questa tipologia di plastica resistente, ideata dall'uomo per sostituire materiali come ceramica, vetro o cartone, viene in realtà **utilizzata maggiormente per produrre oggetti usa e getta, o, comunque, materiali con un ciclo vitale molto breve.**

Educazione dell'individuo ad una riduzione del consumo di plastica.

Per risolvere il problema dell'inquinamento causato dall'eccesiva presenza di plastica **è necessario intervenire sulla causa** del problema e non eliminare semplicemente le conseguenze che ne derivano. Occorre, infatti, **intervenire sulla riduzione della produzione e del consumo**, piuttosto che sulla probabilità di ripulire i mari.
È necessario **educare** gli individui **ad una gestione intelligente delle plastiche**, **riducendo gli sprechi e favorendone il riutilizzo**.
Si pensi, a titolo di esempio, all'ipotesi in cui a causa dei riscaldamenti accessi la temperatura all'interno di una stanza diventi troppo alta. In questo caso, la soluzione più sensata sarebbe quella di spegnere i riscaldamenti e non aprire le finestre al fine di raffreddare l'ambiente.
Pertanto, anche pensando di poter riuscire a ripulire i mari mediante l'ausilio delle tecnologie più avanzate, il problema non verrebbe mai eliminato se tutti continuassero a produrre e a consumare plastica in modo sconsiderato.

È necessario, in primis, cambiare mentalità. Molti dei rifiuti di plastica che vengono ritrovati in mare sono residui di attrezzi da pesca, quali ad esempio reti, corde, lanterne da barca, trappole, cassette o secchi di plastica per il trasporto. I pescatori, i quali dovrebbero essere i primi a rispettare il mare e ad amarlo perché esso è la loro fonte di sostentamento, contribuiscono ad inquinarlo con la loro noncuranza.
Ognuno di noi, nei limiti delle proprie possibilità, può fare la sua parte. Possiamo scegliere di **ridurre il consumo di plastica** acquistando oggetti di materiali diversi, possiamo scegliere tovaglie in cotone, possiamo usare piatti di ceramica, mollette di legno; possiamo acquistare detersivi e altri prodotti alla spina, evitando così l'eccessiva produzione di packaging in plastica; possiamo impegnarci di più nella raccolta differenziata e, come gesto semplicissimo, possiamo gettare i rifiuti non sulle spiagge, ma negli appositi bidoni. **Solo in tal modo possiamo ridurre l'inquinamento dei mari dalla plastica e garantire un futuro migliore a noi e al pianeta intero anche nel beneficio delle generazioni future.**

AMBITO LETTERARIO

5. L'uomo e il suo destino: da Verga ad oggi

Traccia

«Il cammino fatale, incessante, spesso faticoso e febbrile che segue l'umanità per raggiungere la conquista del progresso, è grandioso nel suo risultato, visto nell'insieme, da lontano. Nella luce gloriosa che l'accompagna dileguansi le irrequietudini, le avidità, l'egoismo, tutte le passioni, tutti i vizi che si trasformano in virtù, tutte le debolezze che aiutano l'immane lavoro, tutte le contraddizioni, dal cui attrito sviluppasi la luce della verità. [...] Solo l'osservatore, travolto anch'esso dalla fiumana, guardandosi attorno, ha il diritto di interessarsi ai deboli che restano per via, ai fiacchi che si lasciano sorpassare dall'onda per finire più presto, ai vinti che levano le braccia disperate, e piegano il capo sotto il piede brutale dei sopravvegnenti, i vincitori d'oggi, affrettati anch'essi, avidi anch'essi d'arrivare, e che saranno sorpassati domani.»

Il passo è tratto dalla prefazione a *I Malavoglia*, opera scritta da Giovanni Verga nel 1881. In questa presentazione annuncia il suo progetto di elaborare un ciclo dei vinti, cioè una serie di racconti in cui emerga il principio che regola la vita dell'uomo, quello della lotta per la sopravvivenza nella quale il più forte trionfa schiacciando il più debole. Rifletti sul criterio unificante dei racconti verghiani trasferito nella società moderna, facendo riferimento alle tue conoscenze, esperienze e letture personali.

Puoi eventualmente articolare la tua riflessione in paragrafi opportunamente titolati e presentare la trattazione con un titolo complessivo che ne esprima sinteticamente il contenuto.

Svolgimento

STRUTTURA: Verga e il darwinismo sociale. ■ L'attualità della "lotta per l'esistenza" di Verga.

Verga e il darwinismo sociale.

Nella prefazione che Verga scrive a *I Malavoglia*, egli fa emergere il concetto di **"lotta per l'esistenza"**, principio che sta alla base della vita di tutti gli uomini. Secondo l'autore, infatti, l'umanità è spinta verso "la fiumana del progresso" da una specie di molla naturale e costante. La ricerca di una migliore condizione di vita viene portata avanti a costo di subire e causare delle sofferenze che, purtroppo, non porteranno mai all'obiettivo desiderato. La conseguenza è che in questa corsa affannata al miglioramento di sé e della propria vita, **i più deboli vengano vinti dai più forti**; questi ultimi, tuttavia, rimarranno vincitori solo fino a quando, nel continuo cammino verso il progresso, non troveranno uomini ancora più avidi che li sorpasseranno. Il progresso di per sé non è condannato, ma l'inseguimento di esso porta gli uomini a scontrarsi con la legge del più forte in virtù della quale, inevitabilmente, finiranno per soccombere.

La visione della vita da parte di Verga è radicalmente pessimistica, sebbene nelle sue parole si possa cogliere parte della cultura positivistica di fine '800.

L'autore applica in ambito sociale la teoria della selezione naturale espressa da Charles Darwin nel suo libro *L'origine della specie*. La teoria darwiniana spiega che l'evoluzione della specie consiste nella conservazione di quegli esemplari di ogni specie che posseggano le caratteristiche giuste, fisiche e

comportamentali, per adattarsi agli ambienti in cui essi vivono; gli individui che sviluppano queste caratteristiche di adattamento sono i più forti e andranno avanti nell'evoluzione a differenza di chi non è stato in grado di adattarsi all'ambiente e che quindi viene definito più debole. Questa spiegazione sommaria della complessa teoria scientifica darwiniana può essere semplicisticamente sintetizzata nella **legge del più forte che sovrasta il più debole**. In quest'ottica è facile trasferire una teoria scientifica "positivista" in ambito sociale.
Alla base della visione della vita di Verga ci sono, però, posizioni radicalmente pessimistiche: la **società umana è caratterizzata dall'antagonismo impietoso tra individui** e il meccanismo regolatore alla base è quello della "lotta per la vita", meccanismo per il quale il più forte domina necessariamente sul più debole, schiacciandolo. Verga afferma che questa condizione umana non avrà mai una fine, né muterà, in quanto insita nella natura propria dell'uomo: non ci sono alternative a questa realtà effettiva.

L'attualità della "lotta per l'esistenza" di Verga.

Le affermazioni di Verga possono ritenersi ancora attuali ai nostri giorni. **Il progresso spinge l'uomo a volere sempre di più** anche a costo di sacrificare gli altri, spesso percepiti come ostacoli o addirittura come strumenti da utilizzare per il raggiungimento della ricchezza e del successo.
La conseguenza di questo modo di vivere è **la perdita dei valori umani**, l'inaridimento dei sentimenti. Non esiste più la generosità disinteressata, la filantropia, la solidarietà e la pietà; esistono l'egoismo, l'avidità e il bene fatto solo per proprio tornaconto. Oggi, più che allora, la **società ci impone di essere competitivi** e per questo le riflessioni svolte ne *I Malavoglia* sono più che mai attuali.
Verga, vissuto più di un secolo fa, apparteneva a quella fase storica in cui l'Italia si avviava al processo che l'avrebbe trasformata in uno Stato moderno ed in cui si respirava il mito positivistico del progresso quale soluzione ai problemi sociali,

nonché fonte di benessere e felicità. Nonostante ciò, egli intravedeva l'altro lato della "fiumana del progresso", cogliendo gli effetti negativi che con l'avanzamento economico e tecnologico potevano riversarsi sui più umili, sui "deboli".
Verga, dunque, ci insegna che **non dobbiamo farci ingannare dall'apparenza** che i mass media o le forze politiche o sociali propagandano spacciandola per realtà. Ogni passo verso quello che viene chiamato progresso, dipinto a tinte rosee, dissimula spesso una facciata che conviene tenere nascosta a chi ha degli interessi personali. Dobbiamo imparare ad avere **un atteggiamento critico** nei confronti di ciò che la classe dirigente vuole presentarci come assolutamente positivo e senza risvolti negativi; non dobbiamo accettare tutto ciò che ci viene proposto (o spesso imposto).
C'è un altro aspetto della riflessione verghiana su cui è utile soffermarsi e che è strettamente legato alla teoria della lotta per l'esistenza: **l'ideale dell'ostrica**.
Poiché il destino dell'uomo è quello di fallire nel momento in cui inizia un percorso per migliorare la propria condizione di vita aspirando al successo e alla ricchezza, **l'unica soluzione possibile** è metaforicamente descritta con l'esempio dell'ostrica: **l'ostrica, infatti, può vivere tranquilla e sicura finché resta attaccata allo scoglio sul quale è nata**; staccandosi da esso potrebbe avviarsi alla sua fine. **Allo stesso modo, secondo Verga l'uomo vive sicuro nel suo nido**, in quella che oggi definiremmo *comfort zone*, finché non comincia a desiderare di allontanarsi da esso per provare a migliorare la propria vita, ad avere successo. **Abbandonando le proprie origini l'uomo è destinato a soccombere ai più forti che incontrerà nel comune cammino verso il progresso**.
Le due teorie sono tra loro complementari, ma l'ideale dell'ostrica appare oggi, forse, meno attuale. L'uomo moderno sente quasi un implicito obbligo morale ad elevarsi dalla sua posizione originaria. I giovani *millenials* hanno davanti a sé un mondo da scoprire e da sfruttare per ottenere successo e sempre più sono coloro che decidono di studiare all'estero o trasferirvisi per fare esperienze lavorative e tutti hanno,

indubbiamente, l'obiettivo di migliorarsi e salire su un gradino più alto della società. Non tutti ci riescono, ma il **non provarci è già un fallimento**. Lo spirito degli uomini del 21° secolo è cambiato: la paura di fallire c'è, ma è meno forte della paura di rimanere immobili nel proprio "nido".

AMBITO SOCIALE

6. Le radici della violenza di genere

Traccia

«Con molta probabilità il '900 rimarrà nella storia come il secolo delle grandi conquiste femminili. [...] Eppure in questa irresistibile ascesa del femminile, dell'autonomia e della libertà delle donne qualcosa non va proprio, quasi che la società non si sia abituata al cambiamento... È come se un patto secolare fra i sessi, ovvero uno storico rapporto di dipendenza instaurato nel tempo tra uomini e donne, fosse stato incrinato e rotto: le donne non tollerano più le oppressioni inutili e assurde, si sentono uguali come persone, amiche e compagne dei loro uomini, ma questa libertà, che i ragazzi e i giovani maschi sentono giusta e accettabile, quando il rapporto si stringe, quando si rientra negli schemi familiari appresi, non riesce più a essere vissuta dagli uomini, che ripropongono vecchi schemi e finiscono per rivendicare per sé una libertà d'azione che negano, anche usando la violenza, alla propria compagna. [...] La chiusura dei rapporti in molti casi è vissuta in modo civile, ma se essa è unilaterale, ovvero presa per decisione della donna, può portare in taluni casi a reazioni violente e incontrollate, soprattutto se il partner era già nel rapporto violento e prevaricante.»

Quest'estratto è estrapolato dal libro di Simonetta Ulivieri intitolato *Corpi violati*. Il sottotitolo del libro, "*Condizionamenti educativi e violenze di genere*", comunica già la chiave inconsueta con la quale viene affrontata la questione del femminicidio, una chiave pedagogica il cui obiettivo è scavare a

fondo per individuare quali siano le radici del problema in ambito educativo. Prendendo spunto da questo estratto, rifletti sulla tematica della violenza di genere affrontandone i vari aspetti, facendo riferimento alle tue conoscenze, letture ed esperienze.
Puoi eventualmente articolare la tua riflessione in paragrafi opportunamente titolati e presentare la trattazione con un titolo complessivo che ne esprima sinteticamente il contenuto.

Svolgimento

STRUTTURA: Una parola nuova per una realtà secolare. ■ Le radici antiche di un fenomeno ancora attuale. ■ Dal femminismo al femminicidio. ■ È possibile una pedagogia di prevenzione?

Una parola nuova per una realtà secolare.

Il termine **femminicidio** nasce negli anni '90 quando alcune criminologhe si resero conto di una triste realtà, cioè che **la prima causa di morte per le donne** nel mondo era l'omicidio motivato dalla loro **appartenenza al genere femminile**: donne uccise in quanto donne. Si decise allora di nominare questa circostanza, perché con **un nome** che indicasse specificatamente **gli omicidi per motivi di genere** finalmente si sarebbe potuta attirare l'attenzione dei criminologi e dei politici: un nome per rendere visibile un fenomeno. Fu coniata così la parola "femminicidio". Nella categoria dei femminicidi rientrano, in realtà, non solo omicidi di donne da parte di partner o ex partner, ma anche le uccisioni di figlie ad opera dei padri, figlie che, per esempio, rifiutano matrimoni combinati o si ribellano al controllo ossessivo delle loro vite.
Qual è la colpa che accomuna tutte queste vittime? Probabilmente quella di aver disatteso le aspettative maschili sul ruolo assegnato alla donna, aver infranto quell'ideale imposto dalla tradizione che si figura la donna come

obbediente, una brava figlia, moglie e madre. Queste donne hanno la colpa di essersi sentite libere di decidere cosa fare delle proprie vite, sottraendosi al potere di un padre, un partner, un amante… insomma, di un uomo. La loro punizione, decisa da un uomo, è la morte.

Le radici antiche di un fenomeno ancora attuale.

Questi crimini che sembrano aumentati negli ultimi anni hanno, in realtà, **radici** nella violenza contro le donne che ha a che fare con **un mondo antico e una cultura patriarcale**. Il dominio degli uomini sulle donne è una forma di oppressione tanto antica quanto persistente. Le società patriarcali hanno usato – e purtroppo continuano a usare - il femminicidio come tipologia di pena per le donne che si pongono fuori dal controllo sociale.
Anticamente la donna veniva condotta dal padre al marito e nel patto matrimoniale essa simboleggiava l'oggetto di scambio tra uomini; anzi, **uno degli oggetti di scambio**, poiché in molti contratti matrimoniali, fino ancora al secolo scorso, insieme alla donna venivano dichiarati tutti i beni che essa in dote portava al marito. Il linguaggio del matrimonio nel nostro Paese è stato androcentrico fino al passato più recente. In altre parti del mondo lo è ancora oggi.
Qualche colpa va attribuita anche alla tradizione religiosa cristiana. Secondo la *Bibbia*, dopo che Adamo ed Eva avevano mangiato il frutto proibito, Dio disse alla donna che avrebbe partorito con dolore e il suo istinto sarebbe stato verso il marito, il quale, però, l'avrebbe sempre dominata. Sempre la religione cristiana assegna alla donna il limitante ruolo di "costola" dell'uomo. Tanti altri esempi ci sarebbero che dimostrano come anche la cultura religiosa cristiana, poiché frutto di antiche società patriarcali, abbia avuto il suo ruolo nel consolidamento del ruolo di subalternità (per non dire sottomissione) della donna all'uomo.
La svolta nella storia del ruolo della donna nella società si ebbe con le prime **proteste femministe**, **tra gli anni '60 e '70** del secolo passato. L'obiettivo di queste proteste era **il**

riconoscimento di alcuni diritti, ma anche **la rivendicazione della libertà di disporre del proprio corpo.**

Dal femminismo al femminicidio.

Oggi, purtroppo, mentre l'emancipazione femminile avanza, **il femminicidio aumenta**. Gli strascichi di un'atavica autorità dell'uomo sulla donna lo portano ancora oggi a volerne riprendere il controllo anche con la violenza, anche con quella estrema: l'uccisione.
La società attuale non aiuta, anzi. Sebbene centinaia e migliaia siano le **iniziative politiche e sociali finalizzate a fermare la violenza di genere**, spesso frasi come "non una di più", "*no more*" finiscono per cadere nella retorica degli slogan e dei moderni hashtag. Definirsi femministi nei talk show pomeridiani (dove il femminicidio è spesso mal-trattato e spettacolarizzato) oppure nel corso di una campagna elettorale non è difficile; ciò che è difficile e di cui c'è davvero bisogno è **dimostrare il femminismo**, o **l'uguaglianza di genere** come la chiamano alcuni, nella pratica quotidiana.
La donna non viene valorizzata abbastanza, nei media viene sfruttata l'immagine del suo corpo, ed anche sul lavoro persiste un gap salariale diffuso. Tutto ciò alimenta il sostrato di una cultura maschilista che è ben visibile se si presta attenzione. **Sono troppe le donne che vengono uccise perché la società attuale è ancora pregna di antichi stereotipi di virilità, di onore e del ruolo dell'uomo nella società.**
C'è un film del 2006, intitolato *Bordertown*, che racconta la vera storia di migliaia di donne messicane di Ciudad Juarez le quali in pochi anni sono scomparse nel nulla, stuprate, torturate e poi uccise e abbandonate nel deserto. Tutto questo con la complicità delle Istituzioni e delle Forze Armate corrotte da una cultura machista, in un Paese dove gli stupratori non venivano puniti nel caso in cui avessero poi sposato la donna in seguito, come se il matrimonio ripagasse la violenza subìta, invece di umiliare ancora di più la dignità della donna. Anche in Italia fino agli anni '80 esisteva il matrimonio riparatore con il quale l'uomo

estingueva il reato di violenza sulla donna sposandola. Gli anni '80 non sono poi così lontani da noi.

È possibile una pedagogia di prevenzione?

I paragrafi precedenti costituiscono una necessaria premessa per riflettere sul significato dell'estratto della pedagogista Ulivieri. Una lotta alla violenza di genere sul terreno pedagogico è una sfida e un'opportunità; è possibile, anzi è necessaria. **La scuola ha un ruolo importantissimo**, perché suo è il **compito di costruire l'identità di una persona** e formare le interrelazioni tra generi diversi di individui. I significati che la scuola veicola vengono assorbiti dai giovani e andranno a formare l'adulto di domani. Per questo è fondamentale affrontare a scuola i temi della cultura di genere, per creare una mentalità critica e aperta al riconoscimento di pari diritti tra uomini e donne (e non solo); per **eliminare gli stereotipi di genere** che, come spesso si può osservare, orientano bambini e bambine verso indirizzi universitari e professioni tradizionalmente considerati femminili o maschili.

Tutto ciò è possibile? Sì. Basterebbe cominciare ad **educare i ragazzi**, ma anche le ragazze e far comprendere loro che la violenza non può essere vista come un atto "normale" di resa della donna di fronte all'uomo più forte di lei, quasi che di base ci sia una complicità inconscia, una specie di masochismo rovesciato. **Bisognerebbe educare soprattutto le ragazze, ma anche le donne, a non credere mai che un uomo violento sia un uomo che le ama troppo. Non esiste il troppo amore, esiste l'amore e basta e questo non è mai accompagnato dalla violenza.**

Bisognerebbe **aumentare i centri antiviolenza**, far sapere a tutte le donne che non sono sole e che esistono gli strumenti per difendersi. Nel 2009 è stato introdotto il reato di stalking e sebbene questo sia stato di grande aiuto per le vittime di atti persecutori, spesso non è sufficiente.

Una società civile deve essere improntata al rispetto della donna e della vita in generale. Si auspica, con la consapevolezza che forse può risultare utopistico, che educando le nuove generazioni al rispetto delle differenze di genere e dell'uguaglianza di generi diversi sul piano dei diritti e delle opportunità, un giorno il tasso di violenza contro le donne e di mortalità delle stesse possa diminuire drasticamente sino quasi a scomparire.

AMBITO ECONOMICO-SOCIALE

7. Una vita da precari

Traccia

«Ho vissuto (male) per trent'anni, qualcuno dirà che è troppo poco. Quel qualcuno non è in grado di stabilire quali sono i limiti di sopportazione, perché sono soggettivi, non oggettivi. Ho cercato di essere una brava persona, ho commesso molti errori, ho fatto molti tentativi, ho cercato di darmi un senso e uno scopo usando le mie risorse, di fare del malessere un'arte. Ma le domande non finiscono mai, e io di sentirne sono stufo. E sono stufo anche di pormene. Sono stufo di fare sforzi senza ottenere risultati, stufo di critiche, stufo di colloqui di lavoro come grafico inutili [...]. [...] questa è la realtà sbagliata, è una dimensione dove conta la praticità che non premia i talenti, le alternative, sbeffeggia le ambizioni, insulta i sogni [...]. Da questa realtà non si può pretendere niente. Non si può pretendere un lavoro, [...] non si possono pretendere riconoscimenti, non si può pretendere di pretendere la sicurezza, non si può pretendere un ambiente stabile. [...] Il futuro sarà un disastro a cui non voglio assistere, e nemmeno partecipare. Buona fortuna a chi se la sente di affrontarlo. Non è assolutamente questo il mondo che mi doveva essere consegnato, e nessuno mi può costringere a continuare a farne parte. È un incubo di problemi, privo di identità, privo di garanzie, privo di punti di riferimento, e privo ormai anche di prospettive. [...] Io non ho tradito, io mi sento tradito, da un'epoca che si permette di accantonarmi, invece di accogliermi come sarebbe suo dovere fare. [...] Perdonatemi, mamma e papà, se potete, ma ora sono di nuovo a casa. Sto bene. Dentro di me non c'era caos. Dentro di me c'era ordine. Questa generazione si vendica di un furto, il furto della felicità. Chiedo scusa a tutti i miei amici. Non odiatemi. Grazie per i bei momenti

insieme, siete tutti migliori di me. Questo non è un insulto alle mie origini, ma un'accusa di alto tradimento. [...] Ho resistito finché ho potuto.
Michele»

Questo passo è tratto dalla lettera con la quale Michele, un ragazzo di 30 anni di Udine, nel 2017 ha deciso di dire addio alla famiglia, agli amici ma anche alla società. Una società dalla quale si sente tradito perché non gli ha consentito di avere la dignità di un lavoro e di una realizzazione personale. Alla luce di questa lettera, facendo riferimento alle tue conoscenze, esperienze personali e letture, rifletti sulla condizione attuale dei giovani in Italia, soprattutto dal punto di vista del precariato e delle ridotte possibilità di lavoro.
Puoi eventualmente articolare la tua riflessione in paragrafi opportunamente titolati e presentare la trattazione con un titolo complessivo che ne esprima sinteticamente il contenuto.

Svolgimento

STRUTTURA: Il paradosso del precariato. ■ Il malessere che affonda le proprie radici nella società.

Il paradosso del precariato.

L'autore della lettera sopra riportata è Michele, un ragazzo di Udine che aveva solo 30 anni. Troppi o troppo pochi? Dipende dai punti di vista. Sicuramente troppo pochi per togliersi la vita. Ma chissà quante volte egli si era sentito dire di essere troppo grande durante un colloquio di lavoro al quale si era recato speranzoso, credendo che finalmente qualcosa potesse cambiare nella sua vita, sperando che questa società che lo stava deludendo giorno per giorno, si dimostrasse non così pessima come aveva immaginato. Invece doveva raffrontarsi ogni volta con l'ennesimo "le faremo sapere" (anche quello avrà sentito dire molto spesso) e con una porta sbattuta in faccia. Così Michele si è tolto la vita a trent'anni. Troppo giovane per farla finita, ma forse già troppo vecchio per il mondo del lavoro. Un'età giusta però Michele ce l'aveva: l'età giusta per capire che "questa è la realtà sbagliata, è una dimensione dove conta la praticità che non premia i talenti, le alternative, sbeffeggia le ambizioni, insulta i sogni", come scrive egli stesso.

Il **mercato lavorativo italiano ed europeo** ha subìto le conseguenze della **recessione economica** a partire dalla **crisi del 2009**. Il lavoro a tempo indeterminato è, ormai, quasi una chimera e le recenti manovre finanziarie hanno portato ad una revisione degli accordi lavorativi applicabili nel nostro Paese. Oggi siamo di fronte ad un **panorama di contratti di lavoro variegato** nel quale spesso ci si perde: contratto di lavoro a termine, part-time, contratti a chiamata, di apprendistato, a progetto, tirocini formativi o stage. I **protagonisti di questa nuova realtà sono soprattutto i giovani**. Giovani come Michele.

Quello del **precariato** sembra quasi un paradosso, una contraddizione in termini. Per precariato si intende una **condizione lavorativa temporanea**. Questa condizione, però, si è **trasformata col tempo in una categoria quotidiana**, di cui non si percepisce neanche più l'indignazione originaria. Il precariato non è più una fase di transizione. Il lavoro come concepito nel secolo scorso ormai non esiste più e l'instabilità lavorativa è la normalità alla quale dobbiamo adattare la nostra vita. Una considerazione amara che ha molte conseguenze in ambito sociale, ma anche psicologico.

Essere precari vuol dire non avere una stabilità, non poter fare progetti, non poter chiedere un mutuo per acquistare una casa e iniziare a costruire una famiglia. Vuol dire anche **insicurezza**, non sapere se tra un anno ci si potrà ancora permettere di pagare la rata della propria macchina o l'assicurazione, oppure pagare una bolletta. Se a trent'anni il contratto non viene rinnovato che si fa? Si torna a casa dai propri genitori se si è fortunati, ma questa non può essere la soluzione. Quale **frustrazione** può esserci nell'animo di un ragazzo che ha studiato, si è laureato, ha fatto tutto quello che la società gli chiedeva (gli imponeva) per poter avere un proprio ruolo nel mondo, ma poi si vede negato il diritto di raccogliere i frutti di tanti sacrifici? **Il lavoro è dignità** e ogni lavoro è dignitoso se fatto nel rispetto della legalità. Questo è vero, ma la dignità umana ha a che fare anche con altro, non solo con un comportamento legale. **Avere dignità vuol dire essere rispettati per il lavoro che si fa, essere retribuiti adeguatamente, vedersi riconosciuti i propri diritti**.

Il malessere che affonda le proprie radici nella società.

C'è un Michele in ogni ragazzo della sua generazione, e di quelle successive, che è stato tradito dalla società e al quale sono stati rubati il futuro e la felicità. Di chi è la colpa di tutto questo? Liquidare il gesto del ragazzo udinese come una scelta individuale sarebbe troppo facile. **Le radici del malessere che emerge dalle sue parole sono sociali**.
Se c'è una colpa in tutto questo essa potrebbe attribuirsi alle **generazioni precedenti**, alla **cattiva politica** che ci ha preceduti, che ha mirato più al rafforzamento della finanza che alla stabilizzazione del lavoro. Le responsabilità sono, in parte, anche **di chi ha distrutto il sistema educativo**; oggi le scuole sono sempre più delle aziende che formano esecutori di direttive superiori, giovani nei quali è stata inculcata l'idea secondo cui l'unico obiettivo nella società sia produrre e consumare. **Non si formano più menti critiche.**
In una condizione di instabilità come questa, ai giovani spesso non rimane che **accettare posizioni occupazionali** per le quali sono richieste qualifiche di gran lunga **inferiori rispetto a quelle in loro possesso.** Quante volte si viene respinti perché "troppo qualificati". La società chiede ai giovani impegno, formazione, titoli su titoli, lauree, master, ma nel momento in cui dovrebbe offrire l'opportunità meritata si tira indietro. Tuttavia, conseguenze negative maggiori per la crisi economica sono evidenti soprattutto per i giovani con bassi livelli di istruzione.
Per combattere questo **disagio sociale** ci sarebbe bisogno di

una politica attenta e vicina ai giovani, ma le leggi e le manovre economiche, per quanto importantissime, non sono le uniche che possono aiutarci ad uscire dal tunnel dell'instabilità lavorativa. Il quadro lavorativo del precariato probabilmente riflette come uno specchio una mentalità, una **cultura che va cambiata**.

Ormai precario non è solo il lavoro, ma sembra esserlo la vita stessa. Sembra come se l'uomo moderno si sia reso conto di quanto la vita sia imprevedibile: oggi ci siamo e domani chissà. Questa consapevolezza lo ha portato a sottrarre importanza ai valori, ad un nichilismo etico e culturale. Se i giovani respirano questo clima di sfiducia nella vita, non avranno i motivi né la forza per lottare per il diritto alla propria sicurezza, stabilità. **Il rischio è che il precariato lavorativo, come specchio di quello etico e culturale, col tempo diventi la normalità a cui dobbiamo rassegnarci.**

AMBITO SCIENTIFICO-SOCIALE

8. Libertà di autodeterminazione e rispetto per la vita: una conciliazione difficile

Traccia

«Una legge che regolamenta la possibilità di decidere in anticipo e per iscritto a quali cure sottoporsi in caso di insorgenza di gravi patologie era necessaria […]. Vorrei sottolineare tre punti in particolare fra le novità introdotte. In primo luogo, il Consenso informato, con il coinvolgimento nella relazione di cura, se il paziente lo desidera, oltre che dei familiari anche del convivente/partner di unione civile o ancora di una persona di fiducia del paziente. In secondo luogo, le Disposizioni Anticipate di Trattamento (D.A.T.), con la garanzia di un'informazione completa, aggiornata e comprensibile sulle proprie condizioni di salute e la registrazione di questa volontà nella cartella clinica. Infine, la nutrizione e l'idratazione artificiali, ora considerati trattamenti sanitari che possono essere accettati o rifiutati dal malato. Di conseguenza il medico, tenuto a rispettarne la volontà, è esente da responsabilità civile o penale per le conseguenze di tali scelte. È molto importante che tutti, e non solo gli operatori sanitari tra i quali in primis i medici, siano messi a conoscenza delle forti implicazioni etiche e giuridiche, oltre ovviamente a quelle sanitarie, che la legge prevede […]. Fondamentale, quindi, è far conoscere la legge n. 219/2017, "Norme in materia di consenso informato e di disposizioni anticipate di trattamento".»

Queste sono le parole della sociologa Mariella Orsi apparse sulla rivista della Fondazione Italiana Leniterapia nel marzo 2018, un qualche mese dopo l'entrata in vigore della legge n. 219/2017 sul cosiddetto biotestamento. Facendo riferimento alle tue conoscenze, esperienze personali e letture, rifletti sul tema del diritto dell'uomo di porre fine alla propria vita quando questa non sia ritenuta più sopportabile a causa di patologie gravi.
Puoi articolare la tua riflessione anche in paragrafi opportunamente titolati e presentare la trattazione con un titolo complessivo che ne esprima sinteticamente il contenuto.

Svolgimento

STRUTTURA: Il lungo cammino verso la legge sul biotestamento. ■ I *leading cases*. ■ Il punto di vista e le responsabilità della religione. ■ La sottile differenza.

Il lungo cammino verso la legge sul biotestamento.

La legge n. 219/2017 affronta un tema particolarmente sensibile e delicato, quello del come, quando e perché un uomo abbia il **diritto di porre fine alla propria vita**.
Il percorso per arrivare a questa normativa è stato lungo e complicato. Prima dell'approvazione della legge esisteva solo la possibilità di rinunciare ai trattamenti sanitari ritenuti intollerabili, scelta che necessariamente portava alla morte. A differenza di quanto accaduto in altri Paesi, in Italia è giunto tardi il concetto di **"consenso informato"** in base al quale il paziente, messo a conoscenza delle proprie condizioni, viene coinvolto nelle decisioni mediche che lo riguardano. Il concetto ha portato ad una sempre maggiore **responsabilizzazione del paziente in ambito medico**. Quest'introduzione ha favorito la nascita di un sentimento di bisogno di dare il proprio consenso o meno alle terapie delle quali il paziente veniva informato.

Il passo successivo è stato chiedersi cosa ne sarebbe stato del diritto di decidere della propria vita qualora le facoltà di intendere e volere fossero state pari a zero. Sono nate così le cosiddette **Disposizioni Anticipate di Trattamento (D.A.T.)**, definite anche testamento biologico, che contengono le statuizioni del malato rispetto ai trattamenti sanitari ai quali eventualmente dovrà essere sottoposto nel caso in cui non sia più in grado di decidere del proprio corpo.

I *leading cases.*

Il risultato a cui si è giunti in questo lungo percorso (appunto la legge sul testamento biologico) deve molto anche ad alcuni *leading cases* che hanno diviso l'opinione pubblica sollevando quesiti esistenziali e rendendo chiara la necessità di un intervento normativo da parte del governo.
Si tratta, per esempio, delle vicende di **Piergiorgio Welby** ed Eluana Englaro. Il primo era un uomo gravemente malato, ma in possesso delle capacità di intendere e di volere. Egli scelse di **rifiutare le terapie** che lo tenevano in vita, perché servivano solo a prolungare la sua agonia. Welby si batté contro il cosiddetto **accanimento terapeutico**, finché nel 2006 decise autonomamente e dopo una lunga sofferenza di farsi somministrare dei sedativi e staccare il respiratore che lo teneva in vita.
La vicenda di **Eluana Englaro** è differente. La ragazza, in seguito ad un incidente stradale, visse in **stato vegetativo per anni, fino all'interruzione dell'idratazione artificiale nel 2009**. Eluana, a differenza di Welby, non era in grado di avere esperienze emotive e cognitive e in questo caso un **ruolo fondamentale** ebbe **il padre**, in quanto tutore, al quale spettava il compito di tentare di **ricostruire la volontà della figlia sulla base della personalità, delle credenze religiose e culturali e dei valori che la ragazza aveva prima dell'incidente**. Anche il suo caso ebbe grande rilievo mediatico e favorì la riflessione sulla **necessità di colmare le lacune giuridiche su un tema eticamente delicatissimo.**

Recentemente il Paese ha rivissuto gli stessi momenti con la vicenda di **Fabiano Antoniani, conosciuto da tutti come dj Fabo**. Il giovane, in seguito ad un incidente stradale, era diventato cieco e tetraplegico, ma aveva conservato la lucidità mentale e quindi la consapevolezza **del suo dolore e della sofferenza**. Dj Fabo **fu costretto ad andare in Svizzera per porre fine a quella che egli non considerava più vita con un suicidio assistito nel 2017**. L'accusa nei confronti di chi aveva aiutato il ragazzo a porre in essere il suicidio assistito ha determinato l'intervento della Corte Costituzionale che ha rivolto un monito al legislatore affinché il codice penale venga modificato in modo conforme alla Costituzione ma anche ai principi dell'Unione Europea.

Questi casi fanno riflettere sulla precarietà della nostra vita, ma anche sulla **necessità di disporre anticipatamente** nell'eventualità che un domani la nostra vita dipenda dalle decisioni altrui. Queste situazioni inducono la collettività a discutere di **accanimento terapeutico, eutanasia e diritto a rifiutare cure mediche** che possano tenere in vita, di temi etici purtroppo sempre attuali. Infatti, tali circostanze non pongono interrogativi solo in ambito medico e giuridico, ma scatenano **dibattiti anche sociologici, economici, bioetici**.

Ad oggi, i progressi in ambito medico ci consentirebbero di parlare di allungamento e miglioramento della vita, invece si parla di "buona morte", di come consentire agli uomini di decidere una fine dignitosa della propria vita. Una certa difficoltà a concepire l'idea di "morte buona" è normale che ci sia, in quanto ciò sembra mettere in discussione uno dei principi fondamentali della cultura e della civiltà occidentale e cioè il grande valore della vita. Tuttavia, è necessario parlarne, **perché la malattia e la sofferenza fanno parte della vita stessa**.

Le difficoltà maggiori ad accettare tutto ciò si hanno senza dubbio per motivi religiosi.

Il punto di vista e le responsabilità della religione.

Papa Francesco nel 2017 si è espresso su questo tema dando un segnale di grande modernità, in quanto ha definito **lecito dal punto di vista morale rinunciare alle terapie se il loro impiego** non risulta proporzionale alle cure, cioè non **abbia reali effetti curativi e non ci siano possibilità di miglioramento per il paziente**. L'intervento del Papa è importante in seno a un tale dibattito i cui confini, ribadiamo, non sono solo quelli della giurisprudenza e della medicina, ma anche quelli morali e, perché no, religiosi. L'impossibilità di poter disporre del proprio corpo da parte dell'uomo è un'idea che certamente deriva dalla **tradizione cristiana** e dalla sua sacralizzazione del corpo umano fatto a immagine e somiglianza di Dio. Inoltre, il corpo è la dimora dell'anima, per questo strettamente legato allo spirito e dunque appartiene a Dio. L'uomo non ha diritto di fare del corpo ciò che vuole e così come è vietato e punito l'omicidio, allo stesso modo il suicidio pone l'uomo fuori dalla grazia divina. L'uomo non ha diritti sul corpo degli altri, ma neanche sul proprio.
Strettamente legata alla sfera religiosa è anche la **questione dell'obiezione di coscienza**. La legge sul biotestamento, in realtà, non disciplina l'obiezione di coscienza del medico o degli operatori del sistema sanitario. Eppure, l'obiezione di coscienza è **un diritto fondamentale di ogni uomo**, tutelato anche dalla nostra Costituzione: ognuno di noi ha il diritto alla libertà di pensiero, di coscienza e di religione. Così come accade per l'interruzione di gravidanza, anche nel caso delle disposizioni del paziente sulla fine della propria vita ci potrebbero essere ostacoli dovuti alla singola coscienza di ogni medico.

La sottile differenza.

L'approvazione di questa legge potrebbe essere considerata da molti come un'approvazione del diritto di ogni uomo a morire come e quando voglia, ma la questione non deve essere posta in questi termini. Il **diritto** che si richiede per gli uomini è quello

di decidere di poter rifiutare delle cure, **dopo essere stati ben informati della propria condizione di salute, per evitare una sofferenza continua, un'agonia dalla quale non c'è possibilità di riprendersi.**
Quando Welby e dj Fabo ed altri come loro hanno deciso di porre fine a quella che non ritenevano più vita, non è pensabile credere l'abbiano fatto per odio verso la vita, ma per **amore e rispetto della vita**. Si potrebbe ascoltare nel loro silenzioso "basta" l'urlo appassionato di chi la propria vita l'ha amata tanto e non può vederla finire peggio di così.

AMBITO ECONOMICO-SOCIALE

9. La nuova schiavitù

Traccia

«Iniziare alle tre di notte, lavorare dalle 8 alle 12 ore al giorno, ricevere "stipendi" anche inferiori ai due euro l'ora. Sono condizioni ordinarie nel mondo del caporalato, il sistema illegale di reclutamento di manodopera per il lavoro agricolo. Lo stesso fenomeno che ha innescato i due incidenti nel foggiano di sabato e lunedì, provocando 16 vittime con la stessa dinamica: uno scontro del furgone dove erano ammassati i lavoratori, di ritorno da una giornata di raccolta sui campi di pomodori pugliesi. Il «business degli irregolari», come lo chiamano i sindacati, arriva a sfiorare un valore di 5 miliardi di euro l'anno e incide per quasi un quinto del valore aggiunto generato nella filiera agricola. In teoria sarebbe contrastato da una legge ad hoc, approvata nel 2016 con l'intenzione di inasprire la legislazione e le sanzioni in materia. Nei fatti, stando ai numeri raccolti della autorità, il fenomeno gode di ottima salute e assorbe una quota imponente di lavoratori, sia italiani che stranieri. [...] Nei casi di sfruttamento estremo, i lavoratori operano in assenza di qualsiasi tutela, sono pagati dai 20 ai 30 euro per giornate lavorative di 8-12 ore (ma si può arrivare anche sotto a 1 euro l'ora) o prestano servizio a cottimo con una tariffa di 3-4 euro per cassoni da 375 chilogrammi. [...] Non stupisce che Flai Cgil stimi un salario del 50% inferiore a quello previsto dalla contrattazione nazionale, con tanto di discriminazione per le donne: le lavoratrici sono pagate del 20% in meno rispetto ai colleghi. [...] I migranti, [...] incidono per il 28% su circa un milione di lavoratori agricoli (286.940, a loro volta divisi fra 151.706 comunitari e 135.234 extracomunitari). I numeri lievitano quando si entra nel mondo del nero, terreno d'elezione per le attività di caporalato.»

Il testo è tratto da un articolo del giornalista Alberto Magnani comparso su *Il Sole 24 ore* l'8 agosto 2018. Il giornalista coglie la triste occasione di due incidenti avvenuti qualche giorno prima nel Foggiano, per affrontare il problema della diffusione del caporalato, un sistema di reclutamento di braccianti spesso agli onori della cronaca per lo sfruttamento e l'assenza di tutela dei lavoratori ad esso legati. Facendo riferimento a vicende simili, alle tue conoscenze, esperienze e alle tue letture rifletti sul problema.
Puoi anche articolare la tua riflessione in paragrafi opportunamente titolati e presentare la trattazione con un titolo complessivo che ne esprima sinteticamente il contenuto.

Svolgimento

STRUTTURA: Se questa non è schiavitù. ■ Un fenomeno attuale ma antico.

Se questa non è schiavitù.

Il caporalato è un **sistema illegale di reclutamento di braccianti** utilizzato nelle campagne per i lavori stagionali di raccolta. È illegale in quanto i lavoratori che entrano a far parte di questo sistema diventano **vittime di sfruttamento** sotto molteplici punti di vista.
Come riporta l'articolo di Alberto Magnani, pubblicato su *Il Sole 24 ore*, essi lavorano in media tra le 8 e le 12 ore al giorno, senza pause e durante tutta la settimana, **senza avere neanche un giorno di riposo**. Se gli orari di lavoro sono massacranti, le paghe sono da fame: i braccianti dei caporali arrivano a guadagnare massimo 20 - 30 euro al giorno, sostanzialmente la metà di quanto sarebbe previsto per legge.

Questo se sono fortunati, infatti, non sono rari i casi di **pagamenti parziali o in largo ritardo.**
Gli orari di lavoro e la retribuzione da soli basterebbero a far parlare di sfruttamento, ma purtroppo il caporalato si fa artefice anche di altro, di qualcosa che va al di là del calpestamento dei diritti di lavoratori. In quelle campagne dove si fa massiccio utilizzo di **manodopera migrante**, si può a buona ragione parlare di **schiavitù**, di **maltrattamento**, di **violenza** sotto ogni punto di vista: ad essere schiacciati non sono solo i diritti dei braccianti in quanto lavoratori, ma in quanto uomini.
Le condizioni di lavoro sono estremamente dure. A tal proposito amaramente esplicativa è l'inchiesta *Io schiavo in Puglia* del giornalista Fabrizio Gatti, risalente ormai a più di dieci anni fa, ma che, si può ben immaginare, è ancora estremamente attuale. Gatti ha vissuto sette giorni nell'inferno del caporalato in mezzo agli sfruttati. "Una settimana da infiltrato tra gli schiavi è un viaggio al di là di ogni disumana previsione", così commenta il giornalista quando, alla fine di quell'esperienza ai limiti, scrive il suo dossier di cui si consiglia vivamente la lettura. Il giornalista racconta di **braccianti fatti lavorare sotto il solleone per ore senza sosta**, in giornate dove il termometro toccava i 40 gradi ma anche nel gelo della campagna, quello che penetra nelle ossa, dall'alba alla sera, ininterrottamente. **La pausa pranzo non era garantita**, così quando sentivano mancare le forze mangiavano di nascosto i pomodori più acerbi conditi con pesticidi ed erbicidi. Gatti ha visto vivere quegli uomini in dei **tuguri insalubri**, **senza acqua, luce né servizi igienici**. Racconta di **uomini picchiati a bastonate** per il solo fatto di aver alzato lo sguardo o di aver fatto un cenno di ribellione ai soprusi subiti. Se qualcuno riusciva a scappare veniva inseguito, picchiato e a volte anche ucciso. **Di alcuni di questi uomini, poiché immigrati e senza permesso di soggiorno, nessuno conosce il nome e capita che spariscano**. Orrore su orrore. Non vengono mai censiti e per questo non si sa quanti di essi siano scomparsi (o siano stati fatti scomparire) nelle campagne, ma sono tanti. Ciò che rende tutto questo, se possibile, ancora più incredibile è che tutto ciò accade **a pochi chilometri dai centri abitati**. In

queste campagne non si respira la tranquillità bucolica che ha ispirato i poeti del passato, ma la **miseria umana fatta di abusi e crimini ai danni dell'umanità.**

Un fenomeno attuale ma antico.

Le inchieste e i casi di cronaca più recenti, come quelli dei due incidenti nelle campagne foggiane avvenute l'estate scorsa ai quali fa riferimento l'articolo sopracitato, non devono far credere, però, che il fenomeno del caporalato sia qualcosa di legato esclusivamente all'immigrazione. O meglio. L'arrivo di migranti dai paesi dell'Africa e dell'Europa dell'est ha sostituito un altro tipo di immigrazione tipica delle campagne del sud Italia del secolo scorso, un'immigrazione interna.
Il caporalato del passato ha differenze essenziali rispetto a quello moderno. Per esempio, esso era legato a **flussi migratori interni alla stessa regione**, o al massimo tra regioni vicine. Questa circostanza faceva sì che bracciante e caporale avessero molti più elementi di unione che di divisione: parlavano la stessa lingua, provenivano dallo stesso tipo di società, avevano il medesimo orizzonte culturale. Si trovavano su fronti opposti, ma erano uomini nati dal medesimo *humus* sociale. Questo non vuol dire che i capi fossero più gentili o generosi con i braccianti; anche allora la civiltà contadina era ammorbata da piaghe quali la fame, le violenze e le continue repressioni di ribellioni. Ma qualcosa di diverso accade oggi. **I lavoratori stranieri** non hanno il legame con la terra che avevano i braccianti di un secolo fa, non hanno il debole conforto di una casa o di vivere nella loro terra, non conoscono la lingua o le leggi del paese in cui vengono sfruttati. Questo li rende ancora **più vulnerabili allo sfruttamento**.
I nessi tra passato e presente sono tanti quando si parla di caporalato: le campagne della Puglia di un secolo fa, viste da vicino, non sono purtroppo così diverse da quelle dei giorni nostri. Anche lo sfruttamento però è cambiato sotto certi aspetti, di pari passo al cambiamento della società.
Ad oggi **le categorie di braccianti più vulnerabili sono**

migranti e donne. I primi, soprattutto quando sono senza permesso di soggiorno, sono i “dipendenti” più appetibili per i caporali, poiché clandestini essi sono facilmente ricattabili e non possono ribellarsi, né denunciare altrimenti rischiano l’espulsione dall’Italia. Quanto alle donne, è su di esse che vengono perpetrate continuamente anche violenze sessuali sotto ricatto. Le donne spesso sono sole e devono provvedere al sostentamento dei figli, dunque sono disposte ad accettare ogni tipo di condizione pur di lavorare.
È difficile farsi una ragione di tutto ciò, accettare che in un Paese civile come l’Italia al giorno d’oggi ancora esista una vera e propria forma di schiavitù. Proprio lì, vicino alle spiagge che attirano milioni di turisti e nelle campagne dove si produce ciò che ci rende famosi in tutte le tavole del mondo, si sparge un sangue che è rosso come i pomodori raccolti, ma più amaro.

AMBITO TECNOLOGICO

10. Nomofobia e tecnostress

Traccia

«La comunità scientifica insieme ad alcune importanti aziende di fama internazionale, […] iniziano a domandarsi, a preoccuparsi e ad introdurre forme di prevenzione per una forma particolare di stress, che non è altro che un'evoluzione dello stress stesso definita tecnostress strettamente connesso al periodo storico che stiamo vivendo in cui si assiste ad una rivoluzione digitale che ha modificato completamente e radicalmente il nostro modo di vivere e di lavorare.[…] La comodità del cellulare è proprio l'immediatezza e la reperibilità della persona, possiamo essere contattati ovunque noi siamo, sia tramite una chiamata che tramite un messaggino e questo ha reso molto più semplice la comunicazione e grazie agli smartphone abbiamo la possibilità di: "portare sempre tutto con noi ovunque", in qualunque posto del mondo. […] I parametri che aiutano a definire l'entità del rischio del Tecnostress sono il tempo trascorso per gestire le informazioni digitali, la quantità di carico informativo e i sintomi che segnalano una marcata tendenza allo scivolamento nella sindrome. […] Per descrivere questo fenomeno è stato coniato un nome, Nomofobia, composto dal prefisso anglosassone abbreviato no-mobile e dal suffisso fobia e si riferisce alla paura di rimanere fuori dal contatto di rete mobile, gli effetti provocati sono alti livelli di ansia, disagio e nervosismo se si dimentica lo smartphone a casa, oppure la batteria è completamente scarica.»

La dott.ssa Giovanna Botticella, psicologa e psicoterapeuta, in un suo elaborato dal titolo *Il tecnostress e l'abuso delle tecnologie digitali, nel lavoro e nella vita privata*, esamina con attenzione quella che sta diventando una vera e propria patologia psicologica, nota come sindrome della disconnessione o anche nomofobia. Alla luce delle considerazioni sopra riportate, delle tue conoscenze, letture ed esperienze personali, rifletti sul moderno problema del tecnostress.
Puoi articolare la tua riflessione anche in paragrafi opportunamente titolati e presentare la trattazione con un titolo complessivo che ne esprima sinteticamente il contenuto.

Svolgimento

STRUTTURA: Non sapevo di essere nomofobo! ■ Le dipendenze dalla tecnologia: un fenomeno in forte espansione.

Non sapevo di essere nomofobo!

Vi è mai capitato di cercare disperatamente il cellulare in tutta la casa o nell'ufficio, nella borsa o in tasca per poi rendervi conto che era lì, lo stringevate inconsciamente nella vostra mano? Avete mai chiesto freneticamente a qualcuno un caricabatteria perché il livello di autonomia del cellulare era diventato drammaticamente rosso? Vi è capitato di maledire il vostro gestore telefonico quando sul display compare l'indicazione dell'assenza di rete? Se la risposta è sì c'è una brutta notizia per voi: siete nomofobi.
***Tecnostress* e nomofobia** sono termini che non si sentono spesso e dai quali percepiamo forse una certa lontananza, ma probabilmente tutti, chi più e chi meno, **ne soffriamo senza saperlo**. Leggendo l'estratto sopracitato del lavoro della psicologa Giovanna Botticella, ognuno di noi può riconoscersi nel profilo delineato sulla base anche solo di uno o due aspetti.

C'è da chiedersi: come si è arrivati a questo punto? **L'uomo è un animale *sociale***, scrisse Aristotele nella sua *Politica*; **l'uomo è un animale *social***, diremmo noi oggi e non per essere spiritosi, ma per descrivere quello che siamo diventati.
Data la sua natura sociale, l'uomo non può astenersi dal comunicare e dal socializzare. Per millenni egli ha affidato la sua socialità alle espressioni del suo corpo, il quale costituiva lo strumento di comunicazione privilegiato. Oggi la tecnologia ha trasformato la natura dell'**interazione umana** che **da immediata è diventate mediata**. Il *medium* prediletto è **il nostro smartphone**, tanto che può essere definito ormai **un'estensione del nostro corpo**, e forse anche della nostra mente.
Com'è cambiata, dunque, la nostra vita? Qualunque tipo di informazione cerchiamo possiamo ricavarla dal nostro smartphone: il percorso per arrivare in un punto della città, consigli sulla migliore pizzeria per il sabato sera, la risposta al dubbio se pioverà o no il giorno dopo. Basta avere una connessione internet e tutte queste informazioni sono alla portata di mano.
Se cambia il modo in cui ci informiamo, vuol dire che **sono cambiate anche le nostre abitudini e quindi il modo di pensare e di agire**. Non abbiamo più bisogno di andare in edicola a comprare il quotidiano, perché ci basta scorrere le news sullo schermo del pc o del cellulare mentre beviamo il caffè. Non abbiamo più bisogno di andare al cinema se qualche mese dopo possiamo vedere comodamente a casa in *streaming* quel film che ci incuriosiva tanto. Queste nuove abitudini hanno tutte qualcosa in comune: riescono a farci **chiudere in noi stessi**. Non facciamo più la chiacchiera con il giornalaio, non incontriamo più gli amici al cinema. **Stiamo perdendo la capacità di relazionarci**. **Ecco il paradosso: siamo sempre più connessi, ma sempre più isolati. La rivoluzione tecnologica ha portato ad una vera e propria mutazione sociale, psicologica e antropologica**.

Le dipendenze dalla tecnologia: un fenomeno in forte espansione.

L'allarme lanciato dalla psicologa e da altri studiosi riguarda il sorgere di vere e proprie **dipendenze dalla tecnologia**, quasi fosse una droga. Oggi esistono le "technodipendenze" e, poiché tra tutti gli strumenti tecnologici il telefonino è certamente quello più utilizzato, è stata coniato il **termine nomofobia** per indicare la patologia di cui soffrono coloro che non riescono a stare lontani da esso.

Il dato più preoccupante di queste ricerche riguarda la circostanza per cui **l'incidenza maggiore** di tale dipendenza comportamentale **si ha tra i più giovani**. Essi stessi, infatti, ammettono di svegliarsi anche più volte nel cuore della notte per controllare le notifiche, di accendere il cellulare come prima abitudine appena svegli; alcuni non lo spengono neanche e addirittura lo tengono sotto il cuscino mentre dormono, sebbene sappiano che questa pratica potrebbe avere pericolose ricadute sulla loro salute. I ragazzi (ma non solo!) non fanno a meno del cellulare neanche nei pochi momenti di convivialità e socialità che la vita frenetica di oggi ci concede: durante l'aperitivo del week-end si incontrano, stanno insieme, ma non si parlano davvero, concentrati come sono a controllare cosa sta accadendo in quel momento nei luoghi e alle persone lontani da loro. Quasi che tutto ciò che accade al di là dello schermo sia più interessante di quello che stanno facendo. Hanno forse paura di perdersi qualcosa? Qualcosa la perdono certamente: il loro "qui" e "ora".

Cosa fare dunque? **C'è bisogno di un percorso educativo e rieducativo alla tecnologia**. Una specie di *rehab,* cioè una disintossicazione. Ma come, se ormai anche nelle scuole la tecnologia è entrata prepotentemente invadendo ogni aspetto della didattica con l'utilizzo di LIM, tablet, registri e libri elettronici? Sia ben chiaro, questi moderni strumenti hanno certamente degli aspetti positivi, ma, come sempre, *in medio stat virtus*. **Ogni abuso è una cattiva abitudine**. Ogni tanto non sarebbe più bello sfogliare un libro e sottolinearlo mentre si

studia? Scrivere i compiti su un diario accanto alla dedica di un amico che dopo qualche anno si rileggerà con nostalgia? Il profumo di un libro nuovo non è più rilassante della luce bluastra di uno schermo di un e-book?
Ci illudiamo di aver umanizzato le tecnologie, ma se fossimo noi ad essere sempre più tecnologizzati? Ogni tanto mettiamoci offline!

AMBITO ECONOMICO-SOCIALE

11. Lavoro femminile e gap reddituali

Traccia

«Basandosi sugli ultimi dati relativi ai differenziali retributivi, la Commissione Europea, con la dichiarazione del 26 Ottobre 2018, ha stabilito che il 3 Novembre 2018 rappresenta l'*Equal Pay Day*, la giornata europea per la parità retributiva, dal momento che, a causa della minore retribuzione di cui beneficiano le donne europee rispetto agli uomini, da tale data, per il resto dell'anno, risultano lavorare gratuitamente rispetto ai colleghi. Il primo Vicepresidente della Commissione Europea Frans Timmermans e le Commissarie Marianne Thyssen e Vera Jourová hanno, a questo proposito, dichiarato: "Donne e uomini sono uguali: questo è uno dei valori fondanti dell'UE, anche se, di fatto, per due mesi all'anno le donne ancora lavorano gratis rispetto ai colleghi uomini. È una situazione che non possiamo più accettare. In Europa le donne guadagnano il 16,2% in meno degli uomini: un divario retributivo iniquo non solo in sé, ma anche all'atto pratico, poiché pone le donne in situazione di precarietà nel corso della loro carriera professionale e ancor di più dopo il pensionamento, quando le differenze rispetto alle pensioni degli uomini diventano del 36,6%. [...]" *UN women* ha lanciato la campagna #StopTheRobbery definendo la disuguaglianza salariale a svantaggio delle donne nel mondo una vera e propria rapina più precisamente: 'the biggest robbery in history'.»

L'estratto è estrapolato dall'articolo della Prof.ssa Tindara Addabbo dell'Università degli Studi di Modena e Reggio Emilia,

apparso sulla rivista *Menabò di Etica ed Economia* il 3 novembre 2018. La studiosa coglie l'occasione del cosiddetto *Equal Pay Day* per affrontare l'importante questione del divario salariale e occupazionale che ancora oggi c'è tra donne e uomini in Europa. Riflettendo sui dati e sulle dichiarazioni sopra riportate, utilizzando le tue conoscenze, letture ed esperienze personali, rifletti sul problema.
Puoi eventualmente articolare la tua riflessione in paragrafi opportunamente titolati e presentare la trattazione con un titolo complessivo che ne esprima sinteticamente il contenuto.

Svolgimento

STRUTTURA: La sfida delle donne. ■ Il ruolo della donna nell'ambito della famiglia.

La sfida delle donne.

In un passato ancora non molto lontano in Italia la circostanza che una moglie lavorasse era quasi una rarità, ma quando ciò accadeva, **alla donna non era consentito disporre dei proventi del proprio lavoro senza l'autorizzazione del marito**. In seguito ai **movimenti femministi** degli anni Settanta la condizione femminile **è cambiata** sotto molteplici aspetti e la donna ha finalmente assunto un proprio ruolo nel mercato del lavoro. Tuttavia, la strada da percorrere per il raggiungimento di reali pari opportunità lavorative è ancora molto lunga. Lo dimostrano diverse ricerche e lo dimostra anche l'articolo sopracitato di Tindara Addabbo. È stato necessario proclamare l'Equal Pay Day, cioè la **Giornata Europea per la parità retributiva** per sensibilizzare il mondo sul tema importantissimo del divario salariale tra i due generi.
Il numero di donne italiane che hanno un lavoro cresce, ma esse continuano a **guadagnare mediamente meno** rispetto ai colleghi maschi, **pur svolgendo le stesse mansioni e avendo**

lo stesso grado di istruzione. Anzi, leggendo diverse ricerche di mercato, le **donne italiane** sarebbero tra **le più istruite a livello europeo**, più preparate anche di coetanei uomini ai quali, però, vengono affidati sempre lavori più redditizi. Questi dati devono far riflettere, per cercare di capire quali siano i fattori che incidono su tale gap reddituale.

Gli stereotipi di genere.

Un primo aspetto da tenere in considerazione è quello degli **stereotipi di genere**. Esiste una specie di implicita esclusione dei **mestieri** che vengono ritenuti **non adatti alle donne**, lavori definiti “maschili”.

Tale esclusione del mondo femminile da determinati ambiti lavorativi è accompagnata da un altro pregiudizio del quale spesso sono le donne stesse a rendersi vittime e che riguarda il **tipo di formazione scelta**. Le donne sono portate a intraprendere percorsi di studio più umanistici, perché spinte dalla convinzione di non essere adatte alle cosiddette scienze dure. Oggi la situazione sta cambiando e sono sempre di più le ragazze che si iscrivono a facoltà scientifiche, ma un’ombra di pregiudizio continua ad esserci. La conseguenza di queste scelte è che successivamente **anche in ambito lavorativo** esse vengono ritenute più idonee ad attività riguardanti le relazioni, la cura e i sevizi, mentre agli uomini sono riservate mansioni manifatturiere o legate all’industria, ma soprattutto dirigenziali e di responsabilità.

La vita di una donna imprenditrice, infatti, non è facile, poiché nel sistema dei lavori autonomi **per le donne italiane risultano esserci molti più ostacoli e difficoltà da superare per avere accesso a quei finanziamenti utili per avviare un’impresa o farla crescere**. A ciò si aggiunga la fatica che costa arrivare ad occupare posizioni di rango superiori ad un uomo nella stessa azienda, realizzare quella scalata gerarchica che porta di pari passo ad un aumento stipendiale. Ancora una volta allora **è opportuno chiedersi il perché**.

Il ruolo della donna nell'ambito della famiglia.

A differenza degli uomini, le donne sono più spesso costrette a **ridurre gli orari di lavoro** o a **sospendere temporaneamente la propria attività quando diventano mamme**. Arriviamo dunque a quello che è, probabilmente, il nocciolo della questione, l'origine di tutte le difficoltà che una donna è costretta a superare per essere sullo stesso piano dell'uomo a livello lavorativo. Infatti, se i pregiudizi di genere, di cui si è detto precedentemente, influenzano il modo di concepire il lavoro femminile, la circostanza per la quale una donna ad un certo punto della sua vita mette al mondo un figlio è un altro dato che ne condiziona la carriera. La causa di questo divario è **lo squilibrio nella divisione delle responsabilità familiari concrete tra donne e uomini**.

Il diverso impatto genitoriale vissuto dagli uomini e dalle donne deriva dai **tradizionali stereotipi di una cultura per certi versi ancora maschilista**, i quali vedono le donne più adeguate all'assistenza di bambini e anziani. Basti pensare alle richieste di **congedo parentale**, si tratta di un diritto esercitato per lo più dalle donne, mentre i congedi di paternità sono numericamente inferiori. Il dato dimostra che la distribuzione delle responsabilità domestiche non è equa fra i due sessi.

Per tale ragione, le lavoratrici madri sono obbligate ad optare, laddove possibile, per un regime di **lavoro part-time**, tuttavia, questa tipologia contrattuale ha vantaggi e svantaggi. Infatti, sebbene permetta alla donna di conciliare il lavoro con la famiglia, al contempo, **diminuisce le prospettive di crescita professionale** ed il suo futuro pensionistico.

Conciliare lavoro e famiglia: questa è la sfida della donna moderna. Ma se un figlio ha una madre e un padre, perché la genitorialità "penalizza" solo la donna sul piano lavorativo? Il lavoro femminile dovrebbe essere, invece, sostenuto proprio in considerazione della sua doppia natura, quella che riguarda la giornata lavorativa retribuita e le ore di lavoro domestico.

Purtroppo, però, la dimensione familiare e affettiva del lavoro domestico sposta l'attività della donna dall'ambito pubblico a

quello privato e tale attività non è riconosciuta come lavoro vero e proprio perché non retribuita (o viceversa). **Lo Stato non sempre è in grado di assistere la maternità come dovrebbe**.
Le donne oggi sono al centro di un **dissidio sociale ed economico**: da un lato il costo della vita sempre più alto impone la necessità di avere un doppio stipendio per affrontare le spese familiari, dall'altro una specie di tacito accordo sociale le vede costrette a rinunciare alla propria fonte di reddito per la famiglia. Ed è così che le donne si ritrovano a **dover scegliere tra il sogno di costruire una famiglia e il desiderio di sentirsi realizzate anche attraverso la carriera**.
Lotte come quella dell'Equal Pay Day devono mirare anzitutto a **cambiare la mentalità e la cultura**, affinché possano estinguersi le discriminazioni di genere come quella delle cosiddette dimissioni in bianco. Tale pratica consiste nella richiesta alla donna, al momento dell'assunzione, di apporre la propria firma su una lettera di dimissione già preparata, ma senza data, da poter utilizzare nel caso in cui la dipendente iniziasse una gravidanza. Cos'è questa se non una forma crudele di discriminazione?

AMBITO FILOSOFICO

12. Alla ricerca del tempo libero

Traccia

«Per secoli l'uomo ha cercato di liberarsi della fatica e avere sempre più tempo da dedicare al riposo. [...] A sancire una netta divisione tra tempo libero e tempo del lavoro è la società industrializzata che, in seguito all'introduzione della macchina, provvede a razionalizzare e dare ritmo all'attività umana, concentrando lo sforzo produttivo. Ma la separazione tra dovere e piacere, dove il lavoro ripetitivo, faticoso e insoddisfacente è slegato dall'aspetto ludico e spinge a desiderare maggiore spazio da dedicare allo svago e agli interessi personali. Le lotte sindacali per ottenere una diminuzione delle ore di lavoro, assieme allo sviluppo della tecnologia, hanno determinato l'aumento del tempo libero e di conseguenza il problema di come utilizzarlo. [...] La prevalenza del *loisir* rompe quell'equilibrio oltre il quale si blocca lo sviluppo umano, "la prima delle condizioni preliminari della libertà" (*Eros e civiltà,* 1955). Col rischio di una regressione, visto che nella teoria freudiana il "principio di realtà", regolatore dell'azione umana, spinge ad accettare lo sforzo lavorativo con la promessa di una gratificazione futura. Ma il rinvio della gratificazione è proprio ciò che la società post-industriale voleva evitare, offrendo una compensazione immediata nel consumismo. [...] In realtà è accaduto qualcosa d'imprevedibile: l'insostenibilità sociale di un *loisir* dilatato e incontrollabile, economicamente improduttivo, ha comportato il graduale inserimento del lavoro nel tempo libero.»

Il sociologo Carlo Bordoni pubblicò nel 2014 nel supplemento *La lettura* del *Corriere della sera* un articolo in cui affermava che l'uomo moderno non ha più tempo libero in senso vero e proprio, dal momento che egli lavora, cioè vuole essere produttivo, anche quando non lavora. Da questo articolo, *Il tempo libero scompare proprio quando ne abbiamo di più*, è tratto questo passo che riflette sul paradosso umano del tempo libero. Facendo riferimento alle tue conoscenze, letture ed esperienze personali.
Eventualmente, puoi articolare la tua riflessione in paragrafi opportunamente titolati e presentare la trattazione con un titolo complessivo che ne esprima sinteticamente il contenuto.

Svolgimento

STRUTTURA: Chi ha tempo non perda tempo. ▪ Il tempo è denaro.

Chi ha tempo non perda tempo.

Generalmente si pensa che il problema del tempo libero sia che questo è troppo poco. In effetti la vita di tutti i giorni ci impone ritmi frenetici e ci sembra di non avere mai spazio da dedicare a noi stessi. Ma se guardassimo la questione da un'altra prospettiva? Riflettendo attentamente, ci renderemmo conto che il progresso tecnologico ha permesso agli individui di ottenere molto più tempo rispetto al passato. Ma questo tempo libero dov'è finito? Lo abbiamo occupato.

Il tempo è denaro.

La società attuale ci impone di essere **sempre più produttivi**, pertanto l'idea del tempo libero è profondamente cambiata rispetto al passato. Oggi non c'è più una netta distinzione tra tempo libero e tempo del lavoro. Oggigiorno, si assiste ad un

graduale inserimento del lavoro anche negli orari di pausa, come se l'improduttività fosse una colpa, qualcosa di cui vergognarsi.
Il dolce far nulla è stato eliminato, così come anche il coltivare semplici hobby che si praticavano senza pretese, con il solo scopo di intrattenerci e far trascorrere con spensieratezza le ore non dedicate al lavoro. Gli hobby così come erano concepiti in passato non esistono più. Se si ha la passione per la pittura, per il canto o per la scrittura ci si iscrive ai corsi serali da frequentare una o due volte alla settimana. Se si va in vacanza (quando si ha la possibilità di farlo) bisogna approfittarne per fare escursioni, sport estremi, andare nel ristorante più conosciuto e divertirsi nella discoteca più famosa del posto. Non bisogna sprecare queste opportunità. Non bisogna sprecare tempo.
Ma perché la passione per la pittura non può semplicemente tradursi in pomeriggi passati all'aperto a dipingere un paesaggio? Perché una vacanza non può essere mettersi all'ombra di una palma e non fare assolutamente nulla per giorni? Perché **il tempo libero ha perso una sua caratteristica fondamentale: la sua improduttività, oziosità ed inutilità.**
Sul tema relativo ad in che modo viene impiegato il tempo nella società occidentale esiste un romanzo di Michael Ende intitolato *Momo*. Qui si riassume tutto il frustrante paradosso dell'uomo moderno e del suo tempo libero. Il progresso tecnologico ci ha fatto credere che il tempo libero ci serva per consumare i beni che la società produce, ma per consumare quei beni abbiamo bisogno del denaro che deriva dal lavoro. La conseguenza è che più lavoriamo per permetterci i beni di consumo del tempo libero, meno tempo libero abbiamo per farlo. **Questo porta l'uomo moderno inevitabilmente all'infelicità.**
Come ricorda Bordoni nell'articolo sopracitato, numerose sono state in passato le **lotte sindacali di operai** che volevano una diminuzione delle ore di lavoro, perché la giustificazione dello sforzo lavorativo era la promessa della gratificazione successiva. Questo secondo le teorie freudiane. Quello che si

è ottenuto è stato un **aumento del tempo libero**, ma non solo: la possibilità di ottenere la compensazione della fatica lavorativa immediatamente, grazie al consumismo. Tale situazione ha creato una sorta di **circolo vizioso** in cui l'uomo ha cominciato ad avere tanto tempo a disposizione da non sapere più come utilizzarlo, dal momento che, grazie al progresso tecnologico, poteva ottenere il soddisfacimento dei propri piaceri in maniera veloce.

Marx riteneva che il tempo libero fosse stato snaturato a causa del consumismo. Nel momento in cui l'uomo ha ottenuto maggiore libertà dagli orari lavorativi, si è ritrovato da solo con sé stesso e con i beni di consumo. È iniziato allora un processo inverso, probabilmente inconscio, per il quale **l'individuo ha iniziato ad occupare i propri spazi con impegni sempre più importanti che hanno finito per rendere indistinguibile**, come si diceva all'inizio, **il tempo libero da quello lavorativo.**

Oggi sempre più spesso la realizzazione di sé, però, non viene ricercata attraverso la carriera, ma nelle **attività extra-lavorative**. Un medico, per esempio, trova la realizzazione personale in un corso di fotografia che è sempre stata la sua passione, un insegnante trova soddisfazione nel cucinare ottimi piatti grazie alle lezioni di cucina prese. Si individuano spesso altrove le espressioni del proprio essere.

Il tempo libero fa paura.

Ciò premesso, si potrebbe giungere alla conclusione secondo cui l'individuo impegna tutte le ore libere della propria giornata non solo perché ormai nel post-capitalismo è stato compreso che il tempo è denaro, ma anche perché **l'uomo ha paura del tempo libero**. Infatti, fermarsi un attimo ad oziare ci porterebbe a pensare, pensare troppo ci porterebbe a confrontarci con l'abisso interiore che l'essere umano ha dentro di sé. Questa eventualità è spaventosa e non vogliamo rischiare di viverla. Per questi motivi, dopo il lavoro riempiamo le nostre agende di corsi, palestra, appuntamenti per niente importanti. Facciamo questo per velocizzare la nostra vita, **occupare la nostra mente ed evitare di ascoltare il nostro io più profondo**.

Seneca diceva che non abbiamo poco tempo, ma ne sprechiamo molto. Dunque, il tempo c'è, sta a noi impiegarlo nella giusta maniera. Il tempo di per sé è libero. Non dobbiamo trovare il tempo libero, **dobbiamo imparare a liberare noi stessi.**

AMBITO TECNOLOGICO-SOCIALE

13. I social e il mondo del lavoro

Traccia

«Follower: la fashion influencer Chiara Ferragni ne ha 13 milioni solo su Instagram, la modella americana Kendall Jenner quasi 91 milioni e la pop star Selena Gomez ne ha 136 milioni. Non solo numeri, ma persone. O meglio, follower. Coloro che attraverso i social 'seguono' personaggi più o meno noti del web, che ne sono ispirati. Modelli a cui aspirare, personaggi da imitare. Un mondo racchiuso nello schermo di uno smartphone, una finestra su una realtà a parte, dove le figure che nascono sui social occupano uno spazio sempre più ampio nella società, dall'intrattenimento al marketing vero e proprio. Facebook, Twitter, Youtube, ma forse più di tutti Instagram. […] Influencer, ma anche social media manager, content creator, digital analyst. Un'infinità di "nuovi lavori" che muovono una macchina da più di 3 miliardi di utenti a livello mondiale.»

Cecilia Greco è la giornalista autrice di questo contributo estratto da un più ampio progetto pubblicato sul sito della Repubblica.it e intitolato *Da grande voglio fare l'influencer*. In questo testo si evidenzia come il mondo della pubblicità sia cambiato in seguito alla diffusione dei social network, Questo cambiamento ha portato alla nascita di nuove figure, "artisti digitali" come influencer, youtuber, blogger. Facendo riferimento alle tue conoscenze, letture ed esperienze personali rifletti sul nuovo mondo degli "artisti digitali".

Puoi eventualmente articolare la tua riflessione in paragrafi opportunamente titolati e presentare la trattazione con un titolo complessivo che ne esprima sinteticamente il contenuto.

Svolgimento

STRUTTURA: Professione: *influencer*. ■ Nuove professioni e nuove generazioni.

Professione: *influencer*.

Oggi sentiamo sempre più spesso parlare di **influencer, blogger, youtuber,** termini che ormai indicano figure ben precise del panorama del web nell'ambito dell'intrattenimento e non solo. Per influencer si intende una **persona che col proprio carisma è in grado di esercitare un potere di convincimento e persuasione in vari ambiti**. Una specie di *opinion leader* digitale, che non solo rivela le nuove tendenze, ma le crea. Chi diventa follower di questi personaggi, cioè inizia a seguirli sui social network (Facebook e Instagram soprattutto), lo fa per rimanere al passo coi tempi sulle nuove mode, non ispirandosi alle irraggiungibili modelle o attrici hollywoodiane, ma facendosi orientare da una figura alla quale si sentono più vicini. Gli influencer rappresentano quella via di mezzo tra la gente comune e le star del jet set.

Le aziende più attente al marketing non sottovalutano il **potenziale economico di questi personaggi** quando essi arrivano ad avere decine o addirittura centinaia di migliaia di follower.

Per questi motivi sempre più numerosi sono i marchi che affidano la promozione dei propri prodotti ai post pubblicati dagli influencer sui propri profili social. Tale fenomeno ci ricorda, più che rivelarci, che **il più potente mezzo di comunicazione è sempre stato l'uomo stesso**, quando egli è capace di persuadere altri uomini. Ad oggi, dunque, la

pubblicità in televisione o sui cartelloni pubblicitari o alla radio è ancora utile, ma **la promozione di un brand ha effetti ben maggiori attraverso la sponsorizzazione sul web**.
Tuttavia, l'influencer, da solo, non è in grado di muovere "una macchina da più di 3 miliardi di utenti a livello mondiale", come scrive Cecilia Greco nell'articolo sopra riportato. Per attuare un'efficace strategia di comunicazione persuasiva (il cosiddetto *storytelling*) c'è bisogno di più figure professionali, quelle che la giornalista chiama **"nuovi lavori"**. È il caso dei ***digital analyst***, che hanno la funzione di indicare le linee guida per il lavoro di squadra analizzando la reattività dei post pubblicati e il comportamento degli utenti. L'obiettivo è **capire cosa piace agli utenti**, **sfruttare le loro preferenze e indurli a tornare a vedere contenuti simili**.
Inoltre, sempre più diffusa è la figura del ***social media manager***. Al giorno d'oggi esistono veri e propri master universitari che formano chi voglia intraprendere questo tipo di carriera. Si tratta di figure che **curano interamente i canali social di aziende** e sono in grado di avere una visione d'insieme grazie alla quale propongono una strategia ad hoc per ciascun brand.
Quanto agli **youtuber** ad oggi molti di essi sono veri e propri "artisti digitali". Ancora più degli influencer, gli youtuber sono quasi sempre giovanissimi che iniziano a pubblicare sul canale social **video che li riprendono mentre svolgono attività legate alle proprie passioni**: tutorial di make-up, esibizioni canore o strumentali, spiegazioni di videogames o recensioni di eventi e prodotti. Se dotati di carisma, questi ragazzi sono in grado di **creare una fidelizzazione** intorno a loro e solide community di persone che condividono le loro stesse passioni. Anche in questo caso i brand stanno comprendendo la **potenzialità del fenomeno**, soprattutto in materia di intrattenimento. Ad oggi, infatti, pare che l'intrattenimento dei giovani si sia spostato dalla tv alle piattaforme di intrattenimento on demand (es. Netflix).
Il fenomeno ha assunto enormi dimensioni in tutti i Paesi sviluppati del mondo. Anche in Italia, sebbene ci sia un gap con gli altri Paesi, le aziende stanno iniziando ad interessarsi

e sfruttare la popolarità di alcuni personaggi per la promozione dei propri prodotti. Alcuni esempi in Italia sono la giovane Greta Menchi, che nei suoi video parla di sé e della vita di una ragazza della sua età fatta di fidanzati, dieta, moda e la cui aspirazione è quella di diventare un'attrice. Questi ragazzi vengono individuati da talent scout o altri tipi di imprenditori per la pubblicazione di libri o apparizioni in show televisivi. **Il fenomeno crea business**, fa girare l'economia e crea posti di lavoro; per questi motivi, sebbene nasca da futili contenuti, esso **non va sottovalutato o trascurato**. Chiara Ferragni, la più famosa fashion influencer da anni, nel 2015 contava su un patrimonio di circa 9 milioni di euro, aumentato poi nel corso degli anni.

Nuove professioni e nuove generazioni.

Al di là delle considerazioni economiche e commerciali, è interessante riflettere su come il fenomeno sia in realtà lo specchio della nuova generazione, i cosiddetti ***millenials***. I ragazzi di età compresa tra i 16 e i 18 anni che si muovono con disinvoltura sul web e nella rete social e sempre più spesso non ne sono fruitori passivi, ma riescono ad affermarsi attraverso questi strumenti digitali. Inventano, creano e utilizzano applicazioni per ogni aspetto della vita. Si autoproducono grazie a piattaforme musicali come My Music Vision (MMV), o piattaforme reading quale ad esempio Wattpad.

I *millenials* rappresentano sempre più **una rottura col passato** e probabilmente stanno riuscendo a portare avanti quella rivoluzione in cui le generazioni precedenti hanno fallito. Sono in grado di vivere nel loro tempo più di quanto abbiano fatto i loro genitori. La maggior parte di loro non pensa di vivere una vita alla ricerca del posto fisso, sa che questo ormai appartiene al passato; non vuole imitare i propri genitori e i loro modelli. Piuttosto vorrebbe **fondare start-up**, portare avanti progetti propri, personalissimi e assolutamente originali. Rappresentano il vero nuovo che avanza rispetto al passato.

Nella lotta dell'esistenza verghiana, nella legge dell'evoluzione della specie darwiniana i *millenials* sono la specie forte, quella che vincerà perché in grado di adattarsi alle novità della società globalizzata.

AMBITO SOCIALE

14. Difesa legittima o reato: un confine sottile

Traccia

«La legge stabilisce che non è punibile chi ha commesso un fatto che costituisce reato, "per esservi stato costretto dalla necessità di difendere un diritto proprio o altrui contro il pericolo attuale di un'offesa ingiusta, sempre che la difesa sia proporzionata all'offesa". Si tratta normalmente della reazione difensiva dell'aggredito contro l'aggressore, con l'uccisione o il ferimento di quest'ultimo. Ogni vicenda di questo tipo è specifica e diversa da un'altra, non solo perché diversa può essere la natura e l'attualità del pericolo. Legato alle particolarità della vicenda concreta è soprattutto l'elemento della proporzione tra la difesa e l'offesa. [...] Quando poi chi agisce eccede nella difesa [...] la legge prevede la punibilità del fatto a causa dell'eccesso colposo. [...] Lo stato psicologico di chi ha agito (per difesa, *ndr*) deve essere ricostruito. [...] Per permettere di arrivare a un tale giudizio vengono sempre svolti gli accertamenti giudiziari utili nel caso concreto. [...] Con l'intenzione di sollevare dal peso degli accertamenti giudiziari chi nel pericolo ha reagito uccidendo o ferendo [...] ora una proposta di ulteriore modifica è in discussione in Parlamento. Si vuole aggiungere che si tratta sempre di difesa legittima nel caso di un atto compiuto «per respingere l'intrusione posta in essere con violenza o minaccia di uso di armi o di altri mezzi di coazione fisica da parte di una o più persone» [...]. Qualunque sia la formulazione della legge che prevede la legittima difesa [...] sarà sempre necessaria l'indagine penale. Essa tra l'altro, oltre che dalla legge italiana, è imposta dalla Convenzione europea dei diritti umani nel caso in cui vi sia morte di una persona.»

Il 29 novembre scorso Vladimiro Zagrebelsky, magistrato italiano ed ex giudice della Corte europea dei diritti dell'uomo, ha pubblicato su *La Stampa* un articolo dal titolo *La legittima difesa e i suoi limiti*. Infatti, il 24 ottobre 2018 è stata approvata in Senato la nuova legge che modifica la legittima difesa: la difesa viene considerata sempre legittima e viene introdotto il concetto di "stato di grave turbamento, derivante dalla situazione di pericolo in atto" come giustificazione della legittima difesa. Facendo riferimento al testo sopra riportato, alle tue conoscenze e letture, rifletti sul tema della legittima difesa.
Puoi eventualmente articolare la tua riflessione in paragrafi opportunamente titolati e presentare la trattazione con un titolo complessivo che ne esprima sinteticamente il contenuto.

Svolgimento

STRUTTURA: Come potrebbe cambiare la legittima difesa.
- La difesa è sempre legittima?

Come potrebbe cambiare la legittima difesa.

Da alcuni anni la questione della **legittima difesa** è diventata sempre più un argomento al centro del dibattito politico italiano e sempre più un argomento di scontro durante i talk show politici e di attualità. Le dispute si sono fatte più numerose lo scorso anno in occasione dell'approvazione da parte del Senato della legge sulla legittima difesa domiciliare che andrebbe a modificare quella già esistente. La riforma, nuovamente discussa e approvata dalla Camera dei Deputati è stata trasmessa al Senato nei primi giorni del mese di marzo 2019. Si tratta di una modifica consistente **nell'ampliamento dell'ambito di applicazione della legittima la difesa** in ogni circostanza in cui la vittima di aggressione percepisca il pericolo da parte dell'aggressore nel proprio domicilio privato o nel luogo di lavoro. Infatti, il nuovo testo di legge che attende di essere approvato in Senato prevede che **la proporzionalità tra offesa e difesa "sussista sempre" quando l'aggressione avviene in casa o sul luogo di lavoro**.

Quello della proporzionalità tra offesa e difesa è il punto cardine sul quale un processo di legittima difesa si basa. In caso di approvazione definitiva di questa legge si dovrà presumere che tale proporzionalità ci sia sempre quando si tratta di difendersi all'interno della propria abitazione, del proprio esercizio commerciale o di un luogo privato. La riforma, inoltre, prevede che **un'intrusione effettuata con violenza o minaccia legittimi sempre la difesa**. Entrambe le modifiche riguardano **l'art. 52 del codice penale**.

Un'ulteriore modifica, invece, riguarda **l'art. 55 del codice penale** rubricato "Eccesso colposo". Tale norma, prevede che se nel commettere taluno dei fatti previsti dagli artt. 51, 52, 53 e 54 del codice penale (tra cui, appunto, vi è la legittima difesa), **si eccedono colposamente i limiti** stabiliti dalla legge, dall'Autorità o imposti dalla necessità, si applicano le disposizioni concernenti i delitti colposi se il fatto è preveduto dalla legge come delitto colposo. **La riforma specifica che non può essere colpevole di eccesso di legittima difesa colui che si è difeso da un'aggressione nella sua abitazione.**

Pertanto, introdotta una presunzione di sussistenza del principio di proporzionalità tra offesa e difesa, ne consegue che tale proposta di legge escluderebbe l'antigiuridicità della condotta di chi ferisca o uccida un aggressore, giustificando l'atto stesso con lo stato di turbamento in cui l'aggredito si trovava al momento dei fatti. A ciò si aggiunge l'inasprimento della pena richiesto per il reato di violazione di domicilio.

Anche se gli studiosi di diritto penale hanno rilevato come quella in atto sia una riforma con scopo "propagandistico" e che non sembra apportare grandi innovazioni, numerose sono state le **manifestazioni di disappunto**, le perplessità e talvolta anche le preoccupazioni espresse da parte di alcuni esperti e anche dell'opinione pubblica più informata. In particolare, **a**

turbare è l'inserimento del termine "sempre". Quel solo avverbio è in grado di modificare sostanzialmente il senso della legge e **la preoccupazione più grande è che essa venga presentata all'opinione pubblica ed interpretata dagli individui come una vera e propria licenza di uccidere.**
Inserire una presunzione del requisito della proporzione della difesa rispetto all'offesa potrebbe trasmettere il messaggio che non sarà più necessario svolgere delle indagini al fine di accertare che, nel caso concreto, il tipo di difesa sia stato davvero necessario; tuttavia, **è difficile che si possa evitare l'accertamento di un giudice penale**, soprattutto in caso di lesioni all'integrità fisica della persona.

La difesa è sempre legittima?

Delineato in generale il quadro di quello che potrebbe determinare l'approvazione definitiva della riforma normativa da parte del Senato, è lecita, se non necessaria, una **riflessione per cercare di comprendere le motivazioni** che hanno portato a ciò.
Recentemente, sono passati agli onori della **cronaca** diversi casi di uomini che, pur dichiarando di aver sparato o ferito ladri nei propri appartamenti o negozi, hanno subìto processi che si sono conclusi, talvolta, con una condanna.
È il caso di un negoziante di Arezzo**, Fredy Pacini**, il quale, esasperato dall'essere stato vittima di numerosi furti in pochi mesi nel suo esercizio commerciale, ha iniziato a dormire all'interno del capannone della sua azienda. Una notte, avendo sorpreso due ladri entrare all'interno del suo luogo di lavoro, **ha sparato ed ucciso uno dei malviventi**. A causa di questo episodio il negoziante aretino è stato indagato per eccesso colposo di legittima difesa. Ad oggi, Pacini è in attesa di giudizio.
Il caso di cronaca ha sin dalla sua diffusione subìto un **grande clamore mediatico** dividendo in due l'opinione pubblica **tra chi sosteneva il diritto del negoziante alla legittima difesa e chi no**. Anche sui social network sono state create delle pagine a

sostegno del commerciante e sono state organizzate fiaccolate e raccolte di denaro per aiutarlo nell'assistenza legale.
Chi, invece, non si è schierato *tout court* con Pacini è perché vede nell'innalzamento dell'uomo ad eroe e martire **il pericolo che si trasmetta il messaggio per cui è ammissibile al giorno d'oggi una giustizia fai da te**. Questo porterebbe ad un vero e proprio Far West.
Analizzando bene il caso, gli elementi per far nascere l'indignazione e la rabbia popolare ci sono tutti. Pacini è un lavoratore onesto e benvoluto e alle spalle aveva già numerosi di furti subìti. I ladri che hanno tentato di rubare nel suo negozio erano di nazionalità moldava e, in particolare, **la vittima** non usava il proprio cognome, ma quello della moglie, in quanto **aveva già precedenti per furti e un ordine di carcerazione.**
Coloro che ritengono che un cittadino abbia il diritto di difendere la propria famiglia e la propria casa dai delinquenti, senza il timore di poter essere accusati di omicidio, sicuramente sostengono il negoziante aretino e sono favorevoli alle modifiche introdotte dalla legge sulla legittima difesa, oggetto di discussione in Parlamento. Viceversa, quanti ritengono che il diritto di difesa del cittadino, per quanto giustissimo, debba avere dei limiti, non riconosce nel gesto di Pacini un atto di eroicità, ma mostra perplessità e preoccupazione per il fatto che la legittima difesa possa trasformarsi in licenza di uccidere o in un diritto di vendetta. La propria casa o il proprio negozio non possono diventare zona franca in cui la difesa vale sempre e comunque.
Molti cittadini invocano l'approvazione della modifica di legge perché vedono in essa la garanzia di una maggiore sicurezza personale, tradotta nello slogan "difesa sempre legittima".

AMBITO FILOSOFICO-TECNOLOGICO

15.
Selfie: una maschera in più

Traccia

«[…] Numerosi studi hanno evidenziato come molti soggetti con tendenze narcisistiche utilizzino le foto personali come strumento per attirare l'interesse e l'attenzione degli altri. È però vero che non solo i narcisisti usano i *selfie*. In particolare, i *selfie* vengono oggi utilizzati da molti adolescenti per definire ciò che sono o che vorrebbero diventare. In generale la maggior parte dei *selfie* nasce da un bisogno che ha caratterizzato anche tutte le generazioni che ci hanno preceduto: capire chi siamo e riuscire a diventarlo. Molto in sintesi, il processo di autoconsapevolezza segue queste fasi: ci osserviamo da dentro e da fuori e attraverso l'analisi di quello che vediamo diventiamo progressivamente consapevoli delle nostre caratteristiche individuali e della posizione occupata all'interno della società. All'interno di questo processo, i *selfie*, unendo la forza dell'autoritratto con il potere comunicativo dei social media, sono in grado di offrire, soprattutto ai più giovani, uno strumento molto efficace per poter oggettivare e raccontare, parafrasando Battisti, «qualcosa che è dentro me ma nella mente tua non c'è». Come strumento espressivo, il *selfie* permette infatti di scegliere e di proporre un aspetto specifico della propria soggettività, rendendolo immediatamente visibile alle persone che sono intorno a noi. Allo stesso tempo, attraverso i *selfie* degli altri, posso vedere quali sono i mondi possibili e decidere chi voglio essere e che cosa voglio fare.»

Giuseppe Riva è l'autore dell'articolo da cui sono tratte queste considerazioni pubblicato sulla rivista *Psicologia contemporanea*. Lo psicologo riflette su un gesto che è diventato un'abitudine e che ormai fa parte della quotidianità di molti giovani e non solo: il selfie. Facendo riferimento alle tue conoscenze, letture ed esperienze personali, esponi le tue considerazioni in merito.
Eventualmente, puoi articolare la tua riflessione in paragrafi opportunamente titolati e presentare la trattazione con un titolo complessivo che ne esprima sinteticamente il contenuto.

Svolgimento

STRUTTURA: La vita attraverso l'obiettivo dello smartphone.
- L'evoluzione della fotografia e l'evoluzione della mentalità.
- L'apparenza come ingresso nella società.

La vita attraverso l'obiettivo dello smartphone.

Per molti, **scattare foto con il cellulare è diventato un gesto della quotidianità**. Se quando si esce di casa al mattino c'è un sole stupendo si scatta una foto e si condivide con il sottotitolo "Che bella giornata!", se invece piove e il cielo è tutto grigio la foto sarà accompagnata dalla didascalia "Uffa, piove!", e non accada che al ristorante si assapori la portata prima di averla fotografata!
La galleria degli smartphone a volte è un continuo susseguirsi di immagini di cibo, aggiornamenti meteo e soprattutto selfie. Quando si visita un posto nuovo, spesso, prima di rendersene davvero conto, istintivamente si prende il telefono per fare un selfie e condividerlo sui social network.
Esiste una definizione ben precisa della parola **selfie**. Infatti, con questo termine si intende un **tipo di foto scattata a sé stessi**, da soli o in compagnia, attraverso la fotocamera anteriore del cellulare tenuto in mano con il braccio proteso

verso l'alto, oppure una foto con la fotocamera posteriore del telefono, ma puntando la nostra immagine davanti ad uno specchio. Sostanzialmente è la traduzione moderna del vecchio autoscatto che si realizzava con la macchina fotografica in casi di estrema necessità, quando volevamo farci una foto per immortalare un bel momento da ricordare, ma eravamo soli. Ecco un'altra differenza tra il vecchio autoscatto e il moderno selfie: **la motivazione di base.**

L'evoluzione della fotografia e l'evoluzione della mentalità.

Quando **decenni di anni fa** la macchina fotografica non era un mezzo a portata di mano, **scattarsi una foto** era una scelta pensata che **richiedeva tempo e aveva lo scopo di fissare per sempre il ricordo di un momento importante**, per poi averlo tra le mani sviluppando i cosiddetti negativi. Una volta scattate le poche decine di immagini che un rullino aveva a disposizione, era fatta. Bisognava aspettare di svilupparle per avere la conferma che avessimo scattato belle foto o che il risultato dell'autoscatto non fosse purtroppo quello sperato. **Quelle foto erano scattate prima di tutto per noi stessi.**

Oggi, con i selfie, è cambiato anzitutto lo strumento con cui si scattano fotografie. Tutti abbiamo uno **smartphone** accanto a noi in ogni momento della giornata ed abbiamo la possibilità di scattare anche centinaia di selfie, selezionando immediatamente le foto da eliminare e quelle da conservare e con la possibilità addirittura di modificarle seduta stante, eliminando tutti i difetti che vogliamo. Se poi un giorno avremo voglia di svilupparle ci penseremo, ma **per lungo tempo rimarranno nella memoria digitale dello smartphone** e non dentro un album vero e proprio. **Il selfie, infatti, è rivolto all'esterno**, **per mostrare sé stessi agli altri per divertimento od anche solo per farsi notare**.

Oggi **il selfie fa tendenza**. È un fenomeno così diffuso che sono state addirittura create le cosiddette "aste da selfie", cioè aste allungabili che permettono di scattarsi foto

autonomamente. Ci starà sfuggendo qualcosa di mano? Ovviamente gli psicologi non si sono lasciati sfuggire l'occasione di fare ricerche su questo fenomeno.
Alcuni studi parlano addirittura di **tendenze psicopatiche** individuabili in coloro che sono inclini a pubblicare spesso e volentieri proprie foto, ma non tutti gli psicologi sono d'accordo. Tutti, invece, sono concordi nell'affermare che **coloro che condividono continuamente foto di sé stessi sui social hanno personalità narcisistiche**, il che è una deduzione abbastanza comprensibile e condivisibile. Perché si parli di personalità narcisistica, però, gli psicologi chiariscono che bisogna esaminare alcuni aspetti, tra cui soprattutto **la frequenza con cui le foto vengono condivise**. Infatti, se è vero che i narcisisti scattano molti selfie, dovrebbe essere anche vero, però, che non tutti coloro che li fanno hanno necessariamente una personalità narcisistica. Nel senso meno scientifico e più comune del termine, non è forse vero, però, che siamo tutti un po' narcisisti? E i social oggi che cosa sono se non il palcoscenico sul quale mettere in mostra il meglio di sé?

L'apparenza come ingresso nella società.

Al di là delle ricerche scientifiche, non deve sembrare strana la **diffusione di questo fenomeno** in una società come la nostra, che ogni giorno dimostra di vivere soprattutto di **apparenza** e immagine proponendoci come icone attori hollywoodiani, calciatori, modelle.
Avere bisogno di essere stimato ed accettato, inoltre, è sempre stato un bisogno dell'uomo in quanto essere sociale che vive di relazioni. L'immagine che diamo agli altri di noi è la prima forma di comunicazione, interagiamo con gli altri prima di tutto attraverso il nostro aspetto. Esistono, però, **persone che basano la propria autostima essenzialmente sull'apparenza**, forse perché insicure della capacità di far riconoscere il proprio valore sul piano sociale anche in altri modi. Sono proprio queste persone le più inclini a pubblicare

sui social le proprie foto. Un *like* e un commento di approvazione gratificano la persona e aumentano la sua autostima.
Se non si ha sicurezza e consapevolezza del proprio valore, la si ricerca nel consenso degli altri. Oltre che alla mancanza di fiducia nelle proprie capacità, la causa di questo bisogno di apparire potrebbe individuarsi anche in un **profondo senso di solitudine**. Viviamo, infatti, nella società dell'iperconnessione, nella quale possiamo raggiungere tutti e siamo raggiungibili da tutti sempre più facilmente, ma ci sentiamo dentro di noi sempre più soli. Ci siamo chiusi in noi stessi. Allora il selfie pubblicato in ogni momento della giornata può diventare **l'inconscia richiesta di attenzione**, un segnale di fumo digitale con il quale diciamo "ci sono anch'io".
Le conseguenze del fenomeno sugli adolescenti sono molteplici. La facilità con la quale è possibile crearsi delle **maschere** aumenta rispetto alla già normale condizione pirandelliana dell'uomo in generale. I selfie sono oggetto di costanti **ritocchi e modifiche** che, oltretutto, finiscono per **distorcere la nostra immagine**. Gli effetti dei selfie, dunque, sono solo negativi? In realtà si potrebbe interpretare questo fenomeno come la traduzione in chiave moderna di un bisogno che gli adolescenti hanno da sempre, quello di capire chi sono e quale ruolo hanno nella società anche attraverso la costruzione della propria immagine. La creazione di una propria precisa personalità probabilmente passa anche dall'aspetto estetico, nostro e altrui. Infatti, anche nei selfie degli altri posso riconoscere come vorrei e come non vorrei essere.
Una riflessione, però, è d'obbligo. Ad un certo punto arriva un momento della giornata in cui spegniamo il pc, il tablet o lo smartphone e ci ritroviamo ad essere noi davvero. Ci guardiamo ad uno specchio non photoshoppato e che non contiene filtri se non quelli della nostra mente. Siamo finalmente puramente noi. Ci rendiamo conto che **siamo unici proprio perché diversi**. Dovremmo iniziare a considerare che **la felicità non nasce dai like o da un selfie sorridente** e che

quando siamo a cena con la nostra famiglia o fuori a divertirci con gli amici immortalare quei momenti con delle foto **non ce li farà vivere né meglio, né più a lungo**. **Se stiamo vivendo un'emozione, un bacio o un tramonto, fermiamoci, aspettiamo e viviamocelo.**

AMBITO ARTISTICO

16. La musica oggi

Traccia

«L'ossessiva presenza di musica nei negozi, nei mezzi pubblici, nelle stazioni è un dato apparentemente inerte che segnala tendenze più vaste e inquietanti. Se parlare di distanza qualitativa tra ieri e oggi è in parte opinabile, inquadrando questo scarto in un'ottica non artistica ma strutturale, si deve prendere atto dell'attuale uso degradante della musica che finisce per intaccarne anche lo spessore. Negli anni '60 essa era l'emblema delle contestazioni giovanili contro la società capitalistica. Oggi è un prodotto in serie, surrogato irriconoscibile che pervade la quotidianità come la frastornante colonna sonora di un film scadente. I talent show, le cui conseguenze ne annullano i vantaggi, sono la declinazione più potente del paradigma del sensazionalismo mediatico. Il mercato musicale è perlopiù fondato su modelli costruiti a tavolino, a cui molti giovani si conformano nella speranza di un facile successo. Il frenetico avvicendarsi di talentuosi esordienti di vita breve attesta il tirannico meccanismo di uno schema asfittico la cui efficacia si misura in termini meramente economici.»

Sul magazine *The walkman* si può leggere l'articolo di Federica Ruggieri intitolato *Musica e innovazione: verso dove si sta dirigendo il panorama musicale di oggi? Che futuro prospetta?* da cui sono tratte queste considerazioni. Oggi l'industria musicale si evolve a grande velocità e il modo di fare musica e di fruirne è cambiato notevolmente rispetto a qualche anno fa.

Partendo da queste osservazioni, rifletti su che cos'è la musica oggi, e com'è cambiata rispetto al passato, facendo riferimento alle tue conoscenze, letture ed esperienze personali.
Puoi eventualmente articolare la tua riflessione in paragrafi opportunamente titolati e presentare la trattazione con un titolo complessivo che ne esprima sinteticamente il contenuto.

Svolgimento

STRUTTURA: La musica nell'era dei social. ■ Ritrovare il valore della musica.

La musica nell'era dei social.

La musica ha sempre accompagnato l'uomo nella sua evoluzione ed è cambiata insieme ad esso. Già i popoli primitivi avevano sperimentato il senso del ritmo attraverso il proprio corpo, i sassi e i vari utensili. I Greci furono i primi a elaborare una teoria della musica e a concepirla come vera arte e strumento fondamentale per la formazione dell'individuo dal punto di vista intellettuale ed etico-morale. La musica ha aiutato l'uomo negli intimi momenti di religiosità, come fosse un ponte che mettesse in contatto con la divinità; basti pensare ai canti gregoriani, una delle più importanti manifestazioni di canto religioso.
Passando per le sue più alte espressioni attraverso i grandi compositori del Settecento, dell'Ottocento e del Novecento, arriviamo alla musica cosiddetta leggera, alla musica pop e rock dell'epoca moderna. Mentre l'uomo cambiava il mondo con le guerre, le rivoluzioni e le grandi conquiste di civiltà e progresso, egli stesso subiva a sua volta le trasformazioni di cui era autore. Del viaggio dell'umanità nella sua storia, la musica ne è stata la colonna sonora, il sottofondo costante che mutava con il mutare stesso dell'uomo.
Il progresso tecnologico portò alla nascita del cinema, della

radio e della tv che diventarono presto strumenti di diffusione della musica e ne trasformarono il linguaggio. Dai **dischi 78** giri in gommalacca si passò ai **dischi in vinile** nella metà del 1900 e poi alle **musicassette** degli anni '60. La generazione delle musicassette, quella che ascoltava la musica con le cuffie collegate agli impianti stereo, era la generazione degli anni '80 e '90. Poi arrivarono i **cd** e la musica visse la **rivoluzione del digitale**. Nel corso di questa evoluzione la **costante è stata il supporto fisico al quale la musica rimaneva ancorata**. L'unico modo per ascoltare la nuova canzone del proprio cantante o gruppo preferito era **attendere la data d'uscita del disco** e correre nei negozi ad acquistarlo; dopodiché inserire la cassetta o il cd negli stereo ed ascoltare in silenzio, da soli o in compagnia degli amici.
Uno stravolgimento ancora maggiore si ebbe con la **nascita degli mp3**, dei file che consentono una drastica riduzione dei dati utili per registrare un suono con conseguente possibilità di memorizzare tante canzoni diverse su un unico dispositivo (il lettore mp3) a seconda della memoria di quest'ultimo. La diffusione dell'mp3 andò di pari passo con quella di **computer e internet**. Iniziò così una fase per la quale potremmo parlare di musica "impalpabile". Oggi, infatti, sempre meno ci capita di "toccare con mano" la musica attraverso cd e vinili (ritornati recentemente di moda), mentre sempre più spesso la scarichiamo da **iTunes**, la inviamo e la ascoltiamo con gli auricolari ovunque. Anzi, oggi non è necessario neanche più scaricare la musica: **la si ascolta in streaming**.
Siamo nell'era dello streaming e dello sharing dei contenuti multimediali e anche la musica si è adattata a queste nuove modalità di fruizione. Esistono numerose piattaforme di streaming video e musicale grazie alle quali basta semplicemente una connessione internet ed un account per poter ascoltare musica ovunque siamo; pensiamo a Youtube e Spotify. In questo modo non è neanche più necessario acquistare i contenuti musicali, si può semplicemente fruirne ogni qual volta lo si desideri. Queste piattaforme, infatti, prevedono in genere il pagamento di un abbonamento mensile o riescono a finanziarsi tramite le pubblicità.

Il mondo dello streaming si è agganciato perfettamente a quello dei social portando la musica su un pianeta completamente nuovo. La possibilità di ascoltare musica in streaming sul proprio smartphone ha portato ad una **netta diminuzione delle vendite** (sia in termini di cd che di download) e conseguentemente **ha cambiato il mercato musicale** e le strategie delle varie case discografiche. Oggi la musica si ascolta su internet e su internet ci sono soprattutto le nuove generazioni, i cosiddetti *millenials*. Il cd non è più il prodotto su cui puntano le case discografiche, i guadagni ora arrivano dalle visualizzazioni dei brani sulle piattaforme di streaming. Da qualche anno vengono conteggiati gli *streams* dei brani e sono questi ad influenzare le classifiche ufficiali insieme ai dati dei download.

Ritrovare il valore della musica.

Questo è il quadro del **mercato musicale odierno** e una volta compreso ciò diventa più facile riflettere e capire perché oggi ascoltiamo una musica sempre più diversa e lontana da quella del passato. Il dato da cui partire è che circa la metà di coloro che **ascoltano musica su internet** (e, dunque, influenzano le classifiche e di conseguenza i passaggi di determinati brani in radio e così via) sono **ragazzi al di sotto dei trent'anni**. Il pubblico che fa parte di questa fascia d'età è in genere quello che segue i talent show musicali e che rientra tra i follower dei nuovi cantanti/youtuber (i cosiddetti "artisti digitali"). In radio i brani appartenenti al **genere rap, trap e latin pop** sono sempre più trasmessi perché incontrano i gusti delle nuove generazioni, i maggiori fruitori di musica in streaming. È un circolo vizioso (o virtuoso, dipende dai punti di vista) che regola ormai il mercato musicale.

Le generazioni passate sono destinate ad ascoltare sempre più spesso brani di Fedez, Dark Polo Gang e Alvaro Soler, con quel senso di nostalgia e pizzico di superiorità che (diciamolo pure) caratterizza ogni generazione che si confronti con quella successiva e ribadisce costantemente che la musica dei suoi tempi era di una qualità migliore. Vero o falso? *De gustibus non disputandum est* dicevano i latini, tutto è opinabile. Ma una riflessione va fatta.

Oggi siamo costantemente bombardati da musica. Come scrive Federica Ruggieri nell'articolo sopracitato, c'è musica nei negozi, nelle case, nei supermercati, nei centri estetici. L'utilizzo che si fa oggi della musica è degradante. Ci siamo così assuefatti al continuo sottofondo musicale nella nostra vita che ormai non ci facciamo più caso ed **essa ha perso importanza**. Quando l'ascolto della musica era limitato a pochi e significanti momenti della propria vita le davamo attenzione e ci emozionavamo facilmente. Con ogni canzone costruivamo un ricordo. **Oggi dovremmo recuperare quel legame intimo con la musica**, con i testi delle canzoni e con le emozioni di tristezza, amore e divertimento che sono la base per la costruzione dei ricordi che avremo in futuro.

AMBITO ECONOMICO-SOCIALE

17. Immigrazione e integrazione

Traccia

«L'immigrazione è il tema divisivo per eccellenza della società moderna. Da una parte c'è chi ritiene la mobilità internazionale una componente fondamentale delle società aperte, in grado di arricchire economicamente e culturalmente le stesse, dall'altra chi evidenzia i problemi derivanti da un approccio eccessivamente ottimistico e utopico, sia dal punto di vista economico che da quello culturale, ma anche da quello della sicurezza e dell'identità. Nell'Aprile 2018, un sondaggio di Yougov riguardo ai problemi prioritari dell'Unione Europea ha trovato tra i popoli europei un consenso transnazionale ed unanime: immigrazione e terrorismo. Solo l'Italia, che tra l'altro finora è stata risparmiata dal terrorismo islamico, forse anche a causa del suo ritardo su temi progressisti quali la società multiculturale, ha avuto un'opinione leggermente diversa: immigrazione e disoccupazione. L'immigrazione è quindi in assoluto il tema politico che desta più preoccupazione per gli elettori dell'Unione Europea.»

Questo testo è stato estratto dall'introduzione del contributo di Carlo Sacino al n. 7 del *Dossier del Machiavelli*, pubblicato nel settembre 2018, intitolato *L'immigrazione in Italia nel XXI secolo.* L'analisi dello studioso è finalizzata all'individuazione di politiche e prospettive adottabili per favorire l'economia, la sicurezza e la società in questi anni di grande flusso migratorio. Alla luce di quanto scritto da Sacino, rifletti sulla percezione che

gli italiani hanno dell'immigrazione, facendo riferimento alle tue conoscenze, letture ed esperienze personali.
Eventualmente, puoi articolare la tua riflessione in paragrafi opportunamente titolati e presentare la trattazione con un titolo complessivo che ne esprima sinteticamente il contenuto.

Svolgimento

STRUTTURA: Il fenomeno naturale dei flussi migratori. ■ L'immigrazione in Italia.

Il fenomeno naturale dei flussi migratori.

I flussi migratori sono sempre esistiti fin dalle fasi più antiche della storia dell'uomo. L'incontro tra popoli diversi ha portato le civiltà del passato a crescere e ad arricchirsi culturalmente, ma anche economicamente.
Oggi i contatti con una cultura diversa dalla nostra si realizzano facilmente grazie al progresso: in poche ore è possibile trovarsi dall'altra parte del mondo. Secondo una definizione del sociologo Bauman, attualmente viviamo nella **società della "postmodernità liquida"**, espressione con la quale egli intende esprimere la **mancanza di precisi confini**, non politici o geografici, bensì di identità, a causa del processo di globalizzazione per il quale in moltissimi Paesi vivono comunità caratterizzate dal pluralismo culturale. La conseguenza della società liquida di cui parla Bauman è il **senso di incertezza causato da rapporti instabili e deboli tra le Nazioni**, dal sospetto costante verso chi ha un'identità "diversa" dalla nostra, verso lo straniero.

L'immigrazione in Italia.

In passato l'Italia è stata per lo più un terra di emigrazione, soprattutto dalle regioni del sud. Fino agli anni '60 del secolo scorso i flussi di immigrati nel Paese erano contenuti con una conseguente relativa stabilità. Da quel momento in poi, però, in uno spazio di tempo relativamente ridotto, **l'Italia è stata travolta da una grandissima ondata migratoria** ed è diventata la terra d'approdo privilegiata delle popolazioni provenienti da varie regioni del Mediterraneo. Di conseguenza, anche la **fisionomia del nostro Paese**, come già da tempo quella di altri Paesi europei (Francia, Germania, Belgio) **è diventata multietnica e multiculturale**.

Purtroppo, però, il nostro Paese si è dimostrato spesso **incapace di gestire le emergenze migratorie**, sia per carenze proprie dal punto di vista giuridico e sociale, sia per la mancanza di una politica coerente europea e un fronte comune di tutti i Paesi della comunità europea.

L'Italia ha scoperto che il proprio **impianto normativo** relativamente a tali emergenze è ormai **obsoleto**, tanto che si sono rese necessarie anche riflessioni e riformulazioni del concetto stesso di cittadinanza. Si pensi ai dibattiti sullo *ius soli* e lo *ius sanguinis* che hanno riempito i programmi televisivi e infervorato le discussioni politiche nell'ultimo periodo. Si sono rivelate **inadeguate anche le strutture pubblich**e che avevano il compito di garantire l'accoglienza dei migranti, tant'è che essa è diventata prerogativa di organizzazioni religiose e associazioni private.

Le difficoltà in cui si trova l'Italia nella gestione di questo fenomeno così come anche l'assenza di una politica europea coerente che ha lasciato sola l'Italia a sopportare il peso del problema, hanno **influenzato la percezione che abbiamo cominciato ad avere dell'immigrazione**. La questione dell'immigrazione **divide l'opinione pubblica italiana** come nessun'altro tema.

Da una parte si registra **un atteggiamento di accoglienza** che però a volte è astratta e si riduce a pura retorica, non in grado di trovare soluzioni a problemi concreti e gestire le emergenze; dall'altra c'è la **diffidenza verso gli immigrati**, il pregiudizio e l'ostilità da parte di chi si sente minacciato e teme che gli stranieri possano mettere in pericolo i propri privilegi di cittadini italiani. In particolare, dall'articolo di Carlo Sacino sopracitato,

sembrerebbe che gli Italiani associno l'immigrazione alla crescita della disoccupazione del Paese. I cittadini degli altri Paesi europei, poiché a differenza degli Italiani hanno subìto attentati in passato e recentemente, sono portati a collegare l'immigrazione con il terrorismo.
L'Italia, dunque, si mostra immobile su due posizioni: chi è pro e chi è contro l'accoglienza; i primi sono solitamente cattolici e con inclinazioni progressiste, a favore della **solidarietà tra uomini** anche di paesi diversi; i secondi sono sovranisti, più conservatori e chiusi per la **paura sociale del diverso**. Una dicotomia che non ha a che vedere solo con la politica, ma con i valori e i principi in cui ognuno di noi crede.
Il dibattito italiano sul tema dell'immigrazione è sempre più acceso, soprattutto recentemente. L'Italia, infatti, è passata da un governo pro-accoglienza ad un governo che ha ordinato la chiusura di alcuni porti impedendo alle imbarcazioni di migranti di approdare sulle nostre coste. Anche quest'incoerenza politica è il segnale della **debolezza europea** e della sua incapacità di far fronte comune al grande problema dell'immigrazione, che lascia così il singolo Paese in mano alle decisioni di una classe politica destinata a mutare nel tempo. Tutto ciò con il conseguente grande **clamore mediatico** che spesso disinforma i cittadini e fomenta intolleranza e vecchi e nuovi stereotipi di razzismo.
Il principale bersaglio diventano soprattutto **gli immigrati irregolari**, i clandestini, spesso visti come delinquenti e parassiti della nostra società. Quello della clandestinità è un problema da affrontare con serietà e coscienza, ma sempre più spesso anche in tv, da parte di chi dovrebbe trasmettere fiducia ai cittadini e indicare soluzioni ai problemi, non si sentono altro che frasi demagogiche e luoghi comuni che hanno il solo obiettivo di produrre consenso popolare e risolvere il tutto in una chiacchiera da bar.
Se si decide di **accogliere questi uomini e queste donne** che giungono in Italia spinti dai motivi più diversi (guerre, epidemie, mancanza di diritti e libertà) **è necessario che lo Stato predisponga un piano più efficiente di integrazione**.
Quando si parla di immigrazione è opportuna una riflessione

profonda sulla questione dell'integrazione. Essa viene spesso definita anche **"apprendistato sociale"** e sembra che questa espressione colga perfettamente i significati del termine. Integrare, infatti, non vuol dire solo insegnare allo straniero la lingua del paese ospitante e far sì che questi trovi un lavoro. **L'integrazione per essere tale deve occuparsi della sfera umana, civile e culturale dell'individuo.**
L'immigrato stabilitosi in Italia non deve solo imparare l'italiano, ma imparare le regole comunicative, confrontarsi con la cultura italiana, conoscere le regole sociali del Paese. È una **strada lunga e complessa, ma è l'unica che possa portare ad una convivenza tra uomini di diversa etnia nei confini di un unico Paese**. L'obiettivo potrebbe sembrare utopistico, ma probabilmente è l'unica strada che possiamo percorrere.
Le ondate di immigrazione non si fermeranno tra qualche mese o tra un anno e quando finiranno, i Paesi dai quali oggi emigrano migliaia di persone verranno sostituiti da altri Paesi ancora, perché, come sottolineato all'inizio, **quello dei flussi migratori è insito nella natura stessa dell'uomo**. Un ruolo importante sul tema dell'integrazione ha anche la scuola dove già da qualche anno si parla di pedagogia interculturale volta al dialogo tra culture diverse e all'eliminazione di gerarchizzazioni tra esse.
Gli Stati che si definiscono democratici, hanno, ad oggi il **dovere di perseguire delle politiche che mettano al centro i diritti umani**. Solo così possiamo evitare i rischi di una deriva culturale e civile che ci riporti indietro di anni a meccanismi disumani e disumanizzanti. Oggi è il momento di decidere quale sarà il volto dell'Europa tra venti o trent'anni.

AMBITO ECONOMICO

18. La *sharing economy*: vantaggi e svantaggi

Traccia

«Che relazione c'è fra i mercati finanziari impazziti e l'economia reale? Nessuno dei guru di Wall Street sa davvero spiegarlo. Anche perché la stessa economia reale è sconvolta da una rivoluzione la cui profondità e le cui conseguenze sono ancora tutte da capire. «La quarta rivoluzione industriale», l'ha chiamata Klaus Schwab al World economic forum (Wef) [...]. La prima fu nel Settecento con l'introduzione del motore a vapore nelle fabbriche per automatizzarle; la seconda nell'Ottocento con la produzione di massa; la terza dagli Anni Settanta in poi, con i computer. I protagonisti di questa quarta rivoluzione [...] sono aziende che hanno sovvertito la tradizionale catena dalla produzione al consumo di beni. Sono piattaforme che connettono la domanda e l'offerta di beni e servizi in modi mai visti prima della diffusione di Internet. I campioni di questa rivoluzione sono [...]: Uber, la più grande società al mondo di taxi, non possiede automobili; Facebook, il social media più popolare al mondo non crea alcun contenuto; Airbnb, il più grande fornitore al mondo di ospitalità, non possiede alcun immobile. E Amazon, il più grande commerciante al mondo, non ha una catena di negozi. Eppure, il loro valore in Borsa — o quello stimato dai privati investitori, nel caso delle società non ancora quotate — è superiore a quello dei concorrenti del mondo non virtuale, quello dei brickmortar, «mattoni e cemento»».

Nel 2016, nella sezione *Economia e Finanza* del *Corriere della sera*, è apparso l'articolo di Maria Teresa Cometto dal significativo titolo: *Uber, Airbnb, Amazon. I nullatenenti di successo.*
In questo articolo la giornalista sottolinea come l'economia attuale sia ormai un'economia digitale che ha reso superflua la proprietà materiale. Prendendo spunto dall'articolo, rifletti sul tema dal punto di vista economico, ma anche sociale, facendo riferimento alle tue conoscenze, letture ed esperienze personali. Eventualmente, puoi articolare la tua riflessione in paragrafi opportunamente titolati e presentare la trattazione con un titolo complessivo che ne esprima sinteticamente il contenuto.

Svolgimento

STRUTTURA: Unicorni e sharing economy. ■ L'immigrazione in Italia. ■ AirBnb e Uber. ■ L'economia innovativa a confronto con l'economia tradizionale.

Unicorni e sharing economy.

Sempre più spesso si sente parlare di **"unicorni"** e non in riferimento alle fiabe. Il termine è un **neologismo che in ambito economico indica un'azienda innovativa che ha raggiunto una valutazione di almeno un miliardo di dollari e non è ancora stata quotata in borsa**.
Si tratta di società che nascono come **startup** ad opera di imprenditori i quali, grazie alle loro capacità di creare impresa, fanno crescere ed acquisire grande valore alle loro aziende.
Qualcosa in comune tra unicorni economici e unicorni mitologici c'è: entrambe le tipologie sono **piuttosto rare**. Tuttavia, queste aziende non rimangono unicorni per sempre, poiché il loro obiettivo è debuttare sul campo di Wall Street e per questo puntano ad acquisizioni da parte di grandi investitori.
Gli unicorni esistenti oggi sono per lo più americani e asiatici e

solo una bassa percentuale di essi è nata in Europa, per esempio Spotify. In Italia non si contano molti unicorni, a dimostrazione del fatto al giorno d'oggi bisogna avere **non solo capitale da investire, ma anche una visione globale per fare impresa**, oltre che poter contare su ecosistemi in grado di supportare finanziariamente la loro crescita attraverso investitori intraprendenti. Ancora molta strada deve essere percorsa dal nostro Paese per raggiungere i mercati asiatici e americani, i quali già da tempo corrono e si evolvono velocemente.
Come afferma Maria Teresa Cometto nell'articolo sopracitato, queste "sono aziende che hanno sovvertito la tradizionale catena dalla produzione al consumo di beni" mettendo in crisi l'economia classica. Come hanno fatto? Essenzialmente grazie alla **capacità di sfruttare internet** che ha dimostrato di poter diventare un valido strumento per far fortuna se associato a **buone capacità imprenditoriali**.
Sono soprattutto i più giovani ad essere i protagonisti di queste startup di successo, poiché, com'è evidente, ci vuole molta intraprendenza oltre che fortuna per arrivare a certi livelli. Molti di loro hanno **tra i 18 e i 40 anni** e fanno concorrenza agli uomini più ricchi del pianeta.

AirBnb e Uber.

Un esempio di essi sono i fondatori di **AirBnb**, una società statunitense che ha una piattaforma che mette in contatto coloro che cercano alloggi per brevi periodi con affittuari in grado di fornirli in tutto il mondo. Questi ragazzi erano dei giovani studenti universitari che, per pagare il canone di locazione, affittavano a loro volta materassini nel loro appartamento. Di strada ne hanno fatta tanta e ora **consentono a milioni di persone di affittare appartamenti in centinaia di Paesi nel mondo**.
Un altro esempio è rappresentato da **Uber**, che potremmo definire l'unicorno leader del club. Si tratta di un'azienda che **fornisce in quasi tutto il mondo un sistema di noleggio di auto con conducenti.**

Certamente queste società hanno **cambiato le relazioni economiche globali**, ma soprattutto hanno modificato **quelle sociali**. AirBnb, per esempio, ha cambiato profondamente il modo di viaggiare del ventunesimo secolo. Se da una parte, però, ha permesso a milioni di turisti di scegliere un modo di viaggiare alternativo, più comodo ed economico, dall'altra ha **creato disagi** che hanno dato luogo a **proteste** da parte degli albergatori tradizionali. Questi ultimi ritengono che il sistema di operare di AirBnb sia **ai limiti della legalità** e puntualizzano l'ingiustizia, a loro dire, che tutto ciò avvenga senza il pagamento di tasse. Non si tratterebbe, dunque, di forme integrative di reddito che privati cittadini ottengono grazie all'affitto di una stanza nella loro abitazione privata ma, bensì di **proprietari di numerosi immobili che li amministrano** grazie alla piattaforma statunitense **ottenendone grandi guadagni**.
Le associazioni degli albergatori si sono ribellate e hanno chiesto al più presto una legge sulla ***sharing economy*** in Italia.
Dal punto di vista urbanistico c'è un'altra conseguenza: molte grandi città come Venezia e Milano vedono **intere aree dei propri centri abitati affittate sulla piattaforma**. Tali aree residenziali sono state quindi **convertite al turismo** e di conseguenza la gente che ha sempre abitato lì ha preferito spostarsi altrove.
Similitudini con la situazione appena descritta ci sono nel caso di Uber. Questo servizio mette in contatto dei privati cittadini con automobilisti a noleggio che offrono un trasporto alternativo a quello dei mezzi pubblici. Era però inevitabile che prima o poi questo tipo di meccanismo sarebbe **entrato in collisione con gli interessi dei tassisti delle città** dove Uber viene utilizzato, **a causa di una concorrenza, a loro dire, "sleale".** In Italia, le proteste hanno sollevato anche le prime diffidenze da parte degli utenti in seguito ad alcune riflessioni. Se, infatti, è vero che in alcuni casi il servizio consentiva di risparmiare rispetto ai costi dei tradizionali tassisti, è anche vero che **le tariffe degli autisti di Uber non sono fissate né regolate sulla base di alcuno statuto.** Pertanto, capita che i prezzi lievitino a seconda dei periodi e dei luoghi. Insomma, gli utenti si sono resi conto che **quella del risparmio era quasi un'illusione.** Ma c'è di più.

Sembra che gli stessi **autisti di Uber** abbiano lamentato retribuzioni da fame e condizioni lavorative pessime senza **nessun tipo di tutela e garanzia né sanitaria né previdenziale**. Una specie di sfruttamento.

L'economia innovativa a confronto con l'economia tradizionale.

Gli esempi appena riportati ci portano a formulare qualche riflessione. Gli alberghi attualmente conservano ancora rigide regole del passato, come il numero massimo di persone ospitabili in un'unità di soggiorno o il divieto di cucinare nelle camere. AirBnb, invece, ha colto le esigenze dei turisti di oggi e ha consentito loro di scegliere. Questo è un esempio del modo e del perché **l'economia collaborativa sta mettendo in crisi quella tradizionale**. **La *sharing economy* ha il suo punto di forza non nell'impresa stessa, ma negli individui.** Queste aziende stanno dimostrando che i tempi sono cambiati **ed è necessario essere flessibili** se si vuole rispondere alle domande dei consumatori.

AMBITO TECNOLOGICO-SOCIALE

19. Bulli dietro uno schermo

Traccia

«Sembra assurdo, ma una significativa forma di analfabetismo digitale caratterizza proprio loro, i *millennials*, che pur nascendo con la tecnologia in mano, non ne conoscono le regole, i limiti legali e nemmeno sanno rendersi conto delle conseguenze reali delle azioni compiute in rete. Da uno studio curato da Anna Maria Giannini, direttrice dell'Osservatorio di psicologia della legalità e della sicurezza all'Università La Sapienza di Roma, emerge però anche un analfabetismo ancora peggiore, quello affettivo. Da questo studio risulta, infatti, che per 8 ragazzi su 10 non è grave insultare, ridicolizzare o rivolgere frasi aggressive sui social e che le aggressioni verbali non sono gravi perché non implicano violenza fisica. 7 su 10 dichiarano, inoltre, che gli insulti che riguardano l'aspetto fisico, l'abbigliamento, i comportamenti della vittima non possono essere causa di disagi e che non è grave pubblicare immagini non autorizzate che ritraggono la vittima. Alla base di tutto questo vi è una chiara evidenza di una grave mancanza di educazione all'uso della rete, di cui spesso i primi colpevoli sono proprio i genitori che non insegnano ai figli l'immenso potere di quel piccolo strumento, pensato spesso come un gioco innocente, a volte perché sottovalutano il problema, e a volte, più semplicemente, perché lo stesso analfabetismo caratterizza anche loro stessi.»

Questo testo fa parte di un contributo di Alessandra Gorini, ricercatrice di psicologia generale presso l'Università di Milano,

inserito nel volume *Privacy, minori e cyberbullismo* di M. Orofino e F. G. Pizzetti. L'articolo della psicologa, intitolato *Il cyberbullismo: aspetti psicologici e implicazioni pratiche*, si propone di analizzare dal punto di vista psicologico un fenomeno purtroppo diffuso tra i ragazzi alle prese con l'utilizzo dei social network. In questo estratto si sofferma su quello che viene chiamato "analfabetismo digitale e affettivo". Rifletti sul problema del cyberbullismo, facendo riferimento alle tue conoscenze, letture ed esperienze.
Eventualmente, puoi articolare la tua riflessione in paragrafi opportunamente titolati e presentare la trattazione con un titolo complessivo che ne esprima sinteticamente il contenuto.

Svolgimento

STRUTTURA: Bulli senza volto. ■ La lotta al cyberbullismo.

Bulli senza volto.

Prima dell'avvento dei social network il numero degli amici era quello delle persone a cui ci si era affezionati a scuola o che si incontravano il pomeriggio nel campetto o nella palestra. **Le relazioni che i ragazzi instauravano erano sempre reali**, nel senso di effettive e tangibili. Con gli amici si parlava a quattr'occhi o al telefono e con i migliori, i più stretti, ci si confidava su vari aspetti della propria vita.
Oggi, purtroppo, le relazioni della quotidianità di un adolescente sono sempre più virtuali. Anche quelle reali, per via della pervasività e onnipresenza dei social, diventano virtuali. I confini tra amicizie e spazi reali e virtuali si confondono e si sovrappongono. Questo fa sì che ciò che accade nel mondo virtuale spesso non venga percepito nella sua complessità e non ne vengano previste le possibili conseguenze nella vita reale. Questa è una delle cause che ha portato il bullismo a sdoppiarsi indossando un'altra veste, quella

del **cyberbullismo**. Questa forma **di violenza si caratterizza per essere perpetrata sul web per mezzo dei social network e attraverso la pubblicazione di foto e contenuti umilianti e offensivi per la vittima da parte del bullo.**

Il cyberbullismo ha in comune con il classico bullismo **l'obiettivo di emarginare e insultare la vittima che viene percepita come più debole e diversa**. Tuttavia, alcune dinamiche sono differenti. Il **contesto** stesso, **virtuale** e non reale, crea una specie di filtro tra bullo e vittima grazie al quale il primo diventa col tempo sempre più aggressivo. Praticare bullismo dalla tastiera di un pc o da uno smartphone, protetti da uno schermo, **dà la percezione al bullo di non poter mai subire le conseguenze delle azioni che sta compiendo e**, soprattutto, **non gli permette di rendersi conto della sofferenza della vittima**. Laddove il bullismo tradizionale mette l'aggressore davanti agli effetti che le proprie azioni hanno sulla vittima (sofferenza fisica e psicologica), il cyberbullismo allontana, se possibile, ancora di più il bullo **diminuendo anche il minimo di empatia che potrebbe esserci in un confronto diretto.**

Inoltre, il cyberbullismo dà l'impressione di poter **agire in totale anonimato** per il semplice fatto di poter utilizzare **un'identità diversa da quella reale** sulle piattaforme social. Per questo motivo il cyberbullo è incline a maggiore disinibizione e fa sul web cose che non farebbe nella vita reale. Inoltre, il cyberbullismo offre la possibilità di esercitare il comportamento aggressivo **costantemente, in rete l'insulto è veloce e non ha limiti di tempo e spazio.**

La rete non dimentica. Se il bullismo consiste nella pubblicazione sui social di foto o video umilianti delle vittime, la possibilità che questi contenuti possano **sfuggire dal controllo** e fare in pochissimo tempo il giro del mondo è molto alta.

Diversi sono stati i **casi di cronaca che hanno dimostrato quanto male possa fare un'azione del genere**, basti pensare al caso italiano di Tiziana Cantone o quello di Amanda Todd. Sono vicende tristemente note per il fatto che **l'estrema conseguenza del malessere provocato nelle vittime per la pubblicazione e circolazione di proprie immagini private è**

stato proprio il suicidio.

La lotta al cyberbullismo.

Cosa si è fatto e cosa si può ancora fare per arginare il fenomeno? **Nel 2017 è entrata in vigore una legge che si occupa proprio del fenomeno del cyberbullismo**. Tale legge è un passo in avanti molto importante, soprattutto perché ad essa ha fatto seguito la **pubblicazione di linee guida** da adottare in casi di cyberbullismo. La legge regolamenta il ruolo di ciascuna figura della scuola (dal Ministro al corpo docente) nelle **attività di educazione e prevenzione al fenomeno.** L'educazione ad un uso corretto e consapevole della rete è uno degli strumenti fondamentali di prevenzione. Un tale percorso deve essere favorito **dalle istituzioni scolastiche**, ma anche **in collaborazione con i genitori** dei ragazzi i quali, spesso, hanno in parte delle responsabilità per quello che accade.
Si parla di **analfabetismo digitale** per molti ragazzi che pure appartengono alla generazione dei cosiddetti **"nativi digitali"**, nella misura in cui essi **non sono consapevoli delle conseguenze delle loro azioni sul web e dei pericoli nei quali si può incorrere**. Purtroppo, però, sembra che questo tipo di analfabetismo appartenga anche ai genitori i quali pagano certamente il prezzo di non essere cresciuti con i social e di non conoscerne fino a fondo le insidie; tuttavia, allo stesso modo, sono responsabili di una certa superficialità con la quale sono soliti trattare le questioni virtuali nella convinzione che, poiché appunto appartenente ad un mondo virtuale, tutto quello che accade sul web non abbia importanza.
I cyberbulli che vengono individuati devono essere accompagnati in un **percorso di rieducazione** che li porti a recuperare quelle consapevolezze e quelle capacità empatiche che servono per impedire certe azioni. Le vittime, dal canto loro, devono essere seguite attraverso un iter che le porti a **ricostruire l'autostima e a rafforzare le capacità di socializzazione**.

AMBITO STORICO

20. Corsi e ricorsi della storia

Traccia

«Un'ombra è caduta sulle scene così recentemente illuminate dalla vittoria degli alleati. Nessuno sa ciò che la Russia sovietica e la sua organizzazione internazionale intendono fare nell'immediato futuro, o quali siano i limiti, se ce ne sono, alle loro tendenze all'espansione e al proselitismo. Ho molta ammirazione e molta stima per il valoroso popolo russo e per il mio compagno di guerra, maresciallo Stalin […]. Noi comprendiamo il bisogno della Russia di essere sicura alle sue frontiere occidentali di fronte a qualsiasi ripetersi dell'aggressione tedesca. Noi le diamo il benvenuto al giusto posto tra le più importanti nazioni del mondo [...]. È tuttavia mio dovere porre davanti a voi certi fatti al riguardo dell'attuale situazione in Europa: è mio dovere farlo, penso, anche se senza dubbio preferirei farne a meno. Da Stettino sul Baltico a Trieste sull'Adriatico, è scesa sul continente europeo una cortina di ferro […]. Non credo che la Russia sovietica desideri la guerra. Ciò che essi desiderano sono i frutti della guerra e l'indefinita espansione della loro potenza e della loro dottrina».

Il passo è tratto dal celebre discorso tenuto da Winston Churchill, capo del governo inglese dal 1940 al 1945. Sono riportati alcuni estratti del discorso che egli tenne a Fulton, negli Stati Uniti, il 15 marzo del 1946: un discorso epocale, che rappresenta l'"inaugurazione" pubblica della Guerra Fredda, in cui Churchill ribadì le posizioni che aveva sostenuto prima dello

scontro, quando si era espresso a favore dell'invasione armata della Russia dopo la rivoluzione bolscevica del 1917. Per la prima volta in questo testo compare l'espressione "cortina di ferro", a sottolineare la divisione dell'Europa sottoposta a est all'egemonia sovietica.
Partendo da queste parole rifletti sul significato che oggi assume la Guerra fredda, tra cambiamenti di strategie militari, di armi e di scenari internazionali.
Eventualmente, puoi articolare la tua riflessione in paragrafi opportunamente titolati e presentare la trattazione con un titolo complessivo che ne esprima sinteticamente il contenuto.

Svolgimento

STRUTTURA: La Guerra Fredda. ▪ La Guerra Fredda 2.0.

La Guerra Fredda.

L'espressione **"Guerra Fredda"** traduce un **periodo storico che vide la contrapposizione tra Stati Uniti e Unione Sovietica**, in quanto principali vincitori della Seconda Guerra mondiale, dal punto di vista non solo **politico e militare, ma anche ideologico**. Nel corso della conclusione dei Trattati di Parigi del 1946 e 1947 si manifestarono le chiare posizioni politiche assunte da Washington e Mosca, che diedero inizio alla spartizione dell'Europa e alla formazione di due blocchi contrapposti, uno sotto l'egemonia degli Stati Uniti, l'altro sotto il dominio dell'URSS. Il Patto di Varsavia contro il Patto Atlantico, che oggi conosciamo col nome di **N.A.T.O.**
Sul mondo scese quella che Churchill definì **"cortina di ferro"**. Ebbero così inizio anni difficili, seguiti alla corsa agli armamenti da parte delle due superpotenze fino ad arrivare alla **conquista dello spazio**, infatti, fu sovietico il primo uomo in orbita (Gagarin) e americani furono i primi uomini sbarcati sulla Luna (Armstrong e Aldrin).

Le politiche interne dei due blocchi subirono l'influenza ideologica, tanto che si giunse alla **persecuzione di tutti coloro i quali professavano idee contrastanti al capitalismo americano**, in America, nell' Unione Sovietica, invece, si arrivò alla **creazione di organi di controllo e di censura culturale** che reprimevano le idee di quegli intellettuali che non vollero conformarsi al realismo socialista. Molti furono internati in appositi luoghi di prigionia, i famosi Gulag, che ospitarono i tanti perseguitati per **reati di "pensiero"**. Più volte, fino alla fine degli anni '80 del secolo scorso e, più precisamente, fino alla caduta del muro di Berlino, **si sfiorò il conflitto nucleare** che avrebbe potuto provocare l'estinzione dell'umanità. Nonostante questo, però, si potrebbe addirittura sostenere che la Guerra Fredda abbia garantito all'Europa un lungo periodo di pace: oltre 70 anni di non belligeranza, mai successo prima.

La Guerra Fredda 2.0.

Oggi, invece, si registra una nuova tensione che potrebbe definire questo periodo storico come la **Guerra Fredda 2.0**, utilizzando una dicitura informatica, per rendere l'idea dell'evoluzione ideologica del conflitto. Gli scenari, rispetto al secondo dopoguerra, sono mutati. Con il crollo del blocco comunista e, in particolare, a causa della difficile ripresa economica della Russia, **l'Occidente si è ritrovato come unica potenza egemone nello scenario mondiale**.
Ciò ha permesso agli **Stati Uniti**, in primis, di **allargare i propri confini economici**, spingendoli a interessarsi troppo "premurosamente" alla risoluzione di nuove crisi. Ed ecco che di nuovo ci ritroviamo ad assistere a **nuovi conflitti**. Ne sono un esempio la guerra in Iraq per destituire il regime di Saddam Hussein, la caccia ad Al Qaeda all'indomani dell'abbattimento delle Twin Towers, fino ad arrivare alla più recente crisi siriana.
Dal lato opposto del mondo, **Russia e Cina cercano di frenare l'avanzata dell'Occidente**. Putin, capo indiscusso della grande madre Russia, interviene sempre più frequentemente, per via diplomatica e, ultimamente, anche militare nelle questioni

estere, come in Siria, dove ha appoggiato il governo di Assad nella guerra contro il *Daesh* sul territorio siriano.
Rispetto alla prima Guerra Fredda, ci troviamo di fronte a scenari allargati, **crisi economico-diplomatiche diffuse su tutto il pianeta**, dai Paesi del Corno d'Africa sino a quelli del Mediterraneo. **Conflitti e instabilità nati all'indomani della primavera araba del 2011**.
La globalizzazione e l'utilizzo della rete ha permesso il rapido diffondersi dei sentimenti di libertà e di opposizione ai regimi totalitari, che "garantivano" una sorta di tregua nella scacchiera internazionale. La corsa agli armamenti oggi è sempre più sofisticata; si è passati dalla quantità alla qualità. Basti pensare all'utilizzo dei droni, aerei da combattimento senza pilota, controllati e guidati a migliaia di chilometri di distanza, agli ingenti finanziamenti per gli studi del futuro soldato, in cui l'informatica è la parte predominante anche nel controllo delle armi.
Concludendo, la Guerra Fredda 2.0 potrà garantire al mondo intero la stessa pace duratura che si è vissuta dalla fine della seconda Guerra Mondiale ad oggi? È necessario che la *partnership* Russia-Cina contrasti la voglia di egemonia degli Stati Uniti e che l'Europa sia, questa volta, non solo il territorio da spartirsi, ma soprattutto l'ago della bilancia. Dovrà vestire i panni di novello Lorenzo il Magnifico per la **mediazione pacifica tra le parti**. Qualcuno scrive che sono anni di "pace calda" e speriamo che possano essere migliori di quelli passati.

AMBITO FILOSOFICO

21. Il sentimento dell'amicizia, un valore senza tempo

Traccia

«Dopo queste cose, dovrà far seguito una trattazione dell'amicizia, poiché essa è una virtù o è accompagnata da virtù, ed è, inoltre, radicalmente necessaria alla vita. Infatti, senza amici, nessuno sceglierebbe di vivere, anche se possedesse tutti gli altri beni; anzi si ritiene comunemente che siano proprio i ricchi e i detentori di cariche e di poteri ad avere il più grande bisogno di amici: infatti, quale utilità avrebbe una simile prosperità, se fosse tolta quella possibilità di beneficare che si esercita soprattutto, e con molta lode, nei riguardi degli amici? Ovvero, come potrebbe essere salvaguardata e conservata senza amici? Quanto più è grande, infatti, tanto più è esposta al rischio. E nella povertà e nelle altre disgrazie gli uomini pensano che l'unico rifugio siano gli amici. Essa poi aiuta i giovani a non commettere errori, i vecchi a trovare assistenza e ciò che alla loro capacità d'azione viene a mancare a causa della debolezza, ed infine, coloro che sono nel fiore dell'età a compiere le azioni moralmente belle: "Due che marciano insieme...", infatti, hanno una capacità maggiore sia di pensare sia di agire. E sembra che tale atteggiamento sia insito per natura nel genitore verso la prole e nella prole verso il genitore, non solo negli uomini, ma anche negli uccelli e nella maggior parte degli animali, negli individui appartenenti alla stessa specie fra di loro, e soprattutto negli uomini, ragion per cui noi lodiamo coloro che amano gli altri esseri umani. E si può osservare anche nei viaggi come ogni uomo senta affinità ed amicizia per l'uomo. Sembra, poi, che sia l'amicizia a tenere insieme le città, ed i legislatori si preoccupano più di lei che della giustizia: infatti, la concordia sembra essere qualcosa di simile all'amicizia; ed è questa che essi hanno soprattutto di mira, ed è la discordia, in quanto è una specie di inimicizia, che essi cercano soprattutto di scacciare. Quando si è amici, non c'è alcun bisogno di giustizia, mentre, quando si è giusti, c'è ancora bisogno di amicizia ed il più alto livello della giustizia si ritiene che consista in un atteggiamento di amicizia. E non solo è una cosa necessaria, ma è anche una cosa bella: infatti, noi lodiamo coloro che amano gli amici, anzi si ritiene che l'avere molti amici sia qualcosa di bello; ed inoltre, si pensa che sono gli stessi uomini che sono buoni ed amici.»

In questo estratto tratto dall'*Etica Nicomachea*, il filosofo greco Aristotele si sofferma sul sentimento dell'amicizia, un valore senza tempo. In base alle tue conoscenze argomenta sull'attualità e l'importanza di questo sentimento.

Svolgimento

STRUTTURA: Cos'è l'amicizia? ■ La parola amicizia supera ogni confine: Aristotele ne fu studioso. ■ Oggi possiamo parlare di amicizia?

Cos'è l'amicizia?

L'amicizia è uno dei sentimenti più antichi del mondo, essa accompagna la vita degli uomini fin dalle loro origini. Si tratta di **un valore senza tempo** poiché al pari dell'amore rappresenta uno di quei principi che ancora oggi, nel pieno di un'epoca caratterizzata dalle sfide della liquidità, dell'individualismo e del relativismo, è ancora in grado di sopravvivere **contribuendo a rendere il mondo un posto migliore.**
Poeti, filosofi, letterati in ogni tempo hanno dedicato poesie, pensieri, romanzi interi a questo meraviglioso sentimento. Il

filosofo greco **Aristotele** (Stagira 384 a.C. ca. – Calcide 322 a.C.), nell'ambito delle sue indagini filosofiche **ha dedicato uno spazio non indifferente al** tema **dell'amicizia.** Egli ne discute in maniera ampia attraverso delle osservazioni interessanti e profonde all'interno dell'*Etica Nicomachea* che è un'opera tanto antica (composta appunto nel IV secolo a.C.) quanto attuale. L'opera è divisa in dieci libri, che corrispondono a quelli che oggi chiamiamo capitoli, di cui due sono interamente dedicati al tema in questione.

La parola amicizia supera ogni confine: Aristotele ne fu studioso.

Quale messaggio intendeva trasmettere Aristotele diecimila anni or sono? Il filosofo sottolinea in primis che **l'uomo è per natura un essere sociale** e in virtù di questa sua caratteristica innata, **l'amicizia è un sentimento necessario nella vita di ognuno**, tanto che nessuno sceglierebbe mai di vivere senza amici seppur in possesso di tanti beni materiali. Quindi, la volontà di allacciare un rapporto positivo e propositivo con le persone che si incontrano, fa parte della natura dell'uomo.
Aristotele individua **tre tipi di amicizia** che si differenziano tra loro per il motivo che porta alla nascita di questo legame.
La prima tipologia di amicizia descritta dal filosofo è **quella che nasce con lo scopo di ottenere un utile per sé stessi o un tornaconto personale**. In questo caso non si può però parlare di vera amicizia perché in quel caso non è l'altra persona ad essere importante, ma ciò che questa può permettere di ottenere.
Questo tipo di utilità non è detto abbia necessariamente come obiettivo un oggetto personale, ma **può puntare anche ad un bene immateriale**, ad esempio il senso di gioia e serenità che può dare il rapporto in sé a chi lo instaura. Anche in questo secondo caso, per Aristotele non si è di fronte ad una vera amicizia.
La vera amicizia per il filosofo è quel rapporto che si instaura tra due persone che perseguono una stessa virtù (ad esempio la giustizia o il bene comune) e quindi entrambe

vogliono migliorare qualcosa. **Si è uguali, si è pari** e non si vuole raggiungere qualcosa di buono o utile, ma solo un supremo bene insieme, attraverso uno spronarsi reciproco di un uomo con l'altro, a fare sempre meglio.
L'idea aristotelica di amicizia si è rivelata significativa anche in quella che è stata successivamente la diffusione del messaggio cristiano nato dalla diffusione della parola del Gesù storico, concreto, quale uomo esistito realmente, i cui discepoli hanno poi diffuso i valori della fratellanza, dell'amore e della carità. Questo emerge in particolare quando Gesù raccomanda agli uomini di amarsi gli uni con gli altri.

Oggi possiamo parlare di amicizia?

In un mondo come quello attuale, caratterizzato **dall'individualismo e dalla precarietà** non solo economica, ma **anche sentimentale**, in cui i giovani sono spesso confusi di fronte a molteplici modelli da seguire e al contempo con pochi concreti punti di riferimento, l'amicizia può rivelarsi ancora un valore molto importante.
Non sempre è facile riconoscere i veri amici, e spesso può capitare di ricevere delle delusioni. D'altro canto, però è un rischio che vale la pena correre, perché un vero amico è davvero un tesoro, e può davvero salvare una giornata e talvolta un'intera vita.

AMBITO SOCIALE

22. I giovani e la droga: gioventù bruciata a causa di un fenomeno dilagante

Traccia

«In questi giorni avete affrontato temi e problematiche legati al preoccupante fenomeno della droga e delle vecchie e nuove dipendenze che ostacolano lo sviluppo umano integrale. L'intera comunità nel suo insieme è interpellata dalle attuali dinamiche socioculturali e dalle forme patologiche derivate da un clima culturale secolarizzato, segnato dal capitalismo di consumo, dall'autosufficienza, dalla perdita dei valori, dal vuoto esistenziale, dalla precarietà dei legami e delle relazioni. La droga, come già più volte sottolineato, è una ferita nella nostra società, che intrappola molte persone nelle sue reti. Sono vittime che hanno perso la loro libertà in cambio di questa schiavitù, di una dipendenza che possiamo definire chimica. L'uso della droga causa gravissimi danni alla salute, alla vita umana e alla società, voi lo sapete bene. Tutti siamo chiamati a contrastare la produzione, l'elaborazione e la distribuzione della droga nel mondo. È dovere e compito dei governi affrontare con coraggio questa lotta contro i trafficanti di morte. Trafficanti di morte: non dobbiamo avere paura di dare questa qualifica. Un ambito sempre più rischioso si sta rivelando lo spazio virtuale: in alcuni siti di Internet, i giovani, e non solo, vengono adescati e trascinati in una schiavitù dalla quale è difficile liberarsi e che conduce alla perdita del senso della vita e a volte della vita stessa.»

Le frasi espresse che hai potuto leggere sono state prese dal discorso tenuto da Papa Francesco durante la conferenza internazionale sul tema *"Droghe e dipendenze: un ostacolo allo sviluppo umano integrale"*. L'uso di droghe tra i giovani è sempre più frequente e recenti dati statistici hanno dato esiti allarmanti sull'utilizzo delle sostanze stupefacenti. Potremmo parlare di gioventù bruciata poiché sono proprio gli adolescenti ad incrementare il mercato della droga, pertanto argomenta sulle cause del dilagare di tale fenomeno utilizzando le tue conoscenze.

Svolgimento

STRUTTURA: Un male sovrastante: la droga. ■ Quali tipi di droghe. ■ Adolescenti allo specchio. ■ La tecnologia al servizio del male. ■ Una parentesi sugli zombie di Nairobi. ■ Azioni preventive.

Un male sovrastante: la droga.

La droga è diventata un vero e proprio **male sociale** poiché è capace di distruggere vite umane, famiglie, adolescenti che si aprono alla vita. Le droghe sono sostanze in grado di **modificare lo stato di coscienza delle persone** che le assumono e fanno provare loro sensazioni di piacere ed emozioni forti.
La lotta dei grandi organismi internazionali e l'intervento delle forze di controllo non sono stati ancora in grado di sconfiggere **l'onnipresenza dei grandi trafficanti mondiali** che si arricchiscono sulla rovina della vita degli altri.
Il rapporto tra giovani e droga è cambiato nel corso degli anni. Negli anni Sessanta, la droga più famosa e popolare era **l'ecstasty** che ha raggiunto il massimo della popolarità negli anni Ottanta, diventando una sostanza molto usata tra quei giovani che cercano l'esasperazione del divertimento nelle discoteche, nei rave party e nei locali notturni, perché

conferisce euforia e possiede una potente azione eccitante.
Negli anni Sessanta e Settanta si è altresì diffuso l'uso di **allucinogeni** all'interno dei movimenti giovanili collegati alla cultura psichedelica. Anche attraverso espressioni artistiche e letterarie, l'uso di allucinogeni si associava, spesso, alla **ricerca di esperienze di sé e di rapporti interpersonali** più consapevoli e autentici.
Negli anni Novanta queste sostanze sono ritornate in forma massiccia sul mercato, associate a un uso più consumistico della sostanza (in combinazione con ecstasy e anfetamine) e, in contesti più ristretti, come ricerca più consapevole di esperienze percettive e nuovi stati di coscienza.
Risale invece agli anni 2000 l'uso della cocaina che nel XIX secolo raggiunge proporzioni di utilizzo vastissime.

Quali tipi di droghe.

Le droghe si distinguono in **droghe pesanti**, come la cocaina e l'eroina, e **droghe leggere** tra cui è ricompresa la marijuana. La classificazione delle droghe potrebbe proseguire in base ai loro effetti. Si distinguono così **droghe stimolanti ed eccitanti**; **droghe calmanti e rilassanti**; sino a quelle **"da viaggio"**, così denominate perché causano una visione distorta della realtà generando allucinazioni.
Il rischio dell'utilizzo è la **forte dipendenza** legata alla loro assunzione. Si tratta di una dipendenza **di tipo fisico**, che si manifesta quando il corpo si abitua ad assumerle, nonché **di tipo psichico**, quando si arriva ad una dipendenza mentale.
Si tratta di sostanze che oltre ad essere dannose per l'organismo non sono neanche "sicure", anzitutto perché esse sono prodotte in laboratorio in modo spesso approssimativo, e, inoltre, perché i loro principi attivi agiscono su alcuni settori del sistema nervoso centrale e possono danneggiarlo, talvolta anche in modo permanente. Infine, ad esse sono spesso aggiunte sostanze "da taglio", alcune volte pericolose quanto o più della droga stessa.

Adolescenti allo specchio.

La domanda che nasce spontanea è: **perché gli adolescenti sono attratti dalle droghe**?
Durante gli anni dell'adolescenza i giovani avvertono il **bisogno di libertà**, non si sopportano divieti ed obblighi e si assumono, invece, **atteggiamenti trasgressivi**.
Probabilmente i giovani d'oggi non hanno interessi personali in grado di donare loro emozioni piacevoli. Chi presenta un carattere debole, rispetto a tale fenomeno è certamente più vulnerabile.
Talvolta, dietro ai giovani che fanno uso di droghe, si registra **un'assenza di una famiglia** che possa ascoltarli e supportarli.
Infatti, **chi assume non s'identifica con lo stereotipo del tossicomane** emarginato, malato, magari delinquente, ed è spesso **difficile riconoscere i sintomi patologici** che esse producono, in quanto molte volte esasperano tratti caratteristici dell'adolescenza e c'è il rischio di sottovalutarne il pericolo.

La tecnologia al servizio del male.

Preoccupante è anche il fenomeno dello **spaccio** che avviene sempre maggiormente mediante **l'impiego delle tecnologie per poter trovare ed acquistare sostanze stupefacenti**.
Oggi, il mezzo più sicuro per chiudere trattative è quello di frammentare i propri messaggi tra sistemi di comunicazione diversi, infatti si utilizzano per esempio Skype e Whatsapp.
Le **applicazioni** sono ormai considerate più sicure e meno intercettabili dei sistemi tradizionali: un account anonimo, migliaia di scambi di messaggi ogni ora e i server molto lontani, rendono difficilissimo capire chi sta parlando con chi, di cosa e da dove.
Secondo studi scientifici **è in aumento in Italia una psicosi da abuso tra under 19**, ma il male della droga è ormai presente e diffuso in tutto il mondo.

Una parentesi sugli zombie di Nairobi.

Uno dei casi più agghiaccianti è quello del dramma degli

zombie di Nairobi, bambini storditi dalla droga e costretti a vivere tra i rifiuti. Per le strade della città africana si incontrano molte persone, tra cui soprattutto bambini e adolescenti che hanno con sé una bottiglietta in plastica, il cui contenuto viene continuamente inalato secondo la cosiddetta pratica dello 'sniffing'.
A riempire queste bottiglie è soprattutto **un tipo di colla** utilizzata dai calzolai per riparare scarpe, acquistabile in ogni bottega della città per pochi scellini, equivalenti a circa 80 centesimi di euro.
A volte, in alternativa alla colla, vengono utilizzati **liquidi inalabili come benzina o kerosene**. Sniffare queste sostanze non è soltanto un modo per non patire fame e freddo, ma è considerato anche **un fondamentale rito di passaggio per essere accettati all'interno di un gruppo o di una comunità.**
Molte volte nei Paesi sottosviluppati, queste esperienze vissute dai più piccoli, si concludono tragicamente senza che nessuno se ne accorga in tempo utile per salvarli. Nei Paesi occidentali, in cui è facile procurarsi sostanze stupefacenti anche in giovane età, **i governi dovrebbero collaborare**, come afferma Papa Francesco, **compiendo azioni di controllo dei canali informatici**, perché è proprio attraverso essi che i ragazzini si mettono in contatto con uomini senza scrupoli, il cui interesse è di vendere la droga.

Azioni preventive.

Le scuole potrebbero e dovrebbero interagire con le famiglie ed **organizzare percorsi di informazione**, accanto ad esperti, **spiegando i rischi dell'uso di queste sostanze chimiche** e monitorando i ragazzi così da poter intervenire in modo celere.
In ogni caso, oggi servirebbe **un intervento radicale e coordinato tra le istituzioni e le famiglie**, per rendere consapevoli i minori dei rischi ai quali vanno incontro e a quali saranno le conseguenze irreparabili per la loro vita. Se si riuscisse a raggiungere tale obiettivo, a partire già dall'età adolescenziale, con ogni probabilità si ridurrebbe la percentuale degli individui coinvolti in questo grave problema. I giovani, in

quanto tali, non possono essere già informati su tutto quello che riguarda questo ampio argomento, ma con un programma studiato in ogni dettaglio e ben inserito nel contesto scolastico, si potrebbe fare in modo che l'informazione arrivi in modo intenso e mirato a coloro che possono essere i soggetti più vulnerabili.

AMBITO
SCIENTIFICO

23. Frane, alluvioni, dissesti geologici: come monitorare e prevenire tali fenomeni?

Traccia

«L'edizione 2018 del Rapporto Ispra sul dissesto idrogeologico in Italia, la seconda dedicata a questo tema, fornisce il quadro di riferimento aggiornato sulla pericolosità per frane e alluvioni sull'intero territorio nazionale e presenta gli indicatori di rischio relativi a popolazione, famiglie, edifici, imprese e beni culturali.

L'Ispra, nel 2017, al fine di aggiornare la mappa della pericolosità da frana sull'intero territorio nazionale, ha proceduto alla nuova mappatura nazionale delle aree soggette a pericolosità nei Piani di Assetto Idrogeologico, sulla base degli aggiornamenti forniti dalle Autorità di Bacino Distrettuali, sulla base dei dati forniti dall'Inventario dei Fenomeni Franosi in Italia (Progetto Iffi) realizzato dall'Ispra e dalle Regioni e Province Autonome.

L'Italia è uno dei paesi europei maggiormente interessati da fenomeni franosi, con 620.808 frane che interessano un'area di 23.700 km2, pari al 7,9% del territorio nazionale. La superficie complessiva, in Italia, delle aree a pericolosità da frana PAI e delle aree di attenzione è pari a 59.981 km2 (19,9% del territorio nazionale). La popolazione a rischio frane in Italia residente nelle aree a pericolosità PAI elevata e molto elevata ammonta a 1.281.970 abitanti, pari al 2,2% del totale.

Nelle aree franabili sono presenti quasi 38 mila beni culturali a rischio, dei quali oltre 11 mila sono ubicati in zone a pericolosità da frana elevata

e molto elevata, mentre sfiorano i 40 mila i monumenti a rischio inondazione nello scenario a scarsa probabilità di accadimento o relativo a eventi estremi.
Il numero più elevato di Beni culturali a rischio frane in aree a pericolosità P3 e P4 si registra in Toscana, Marche, Emilia-Romagna, Campania e Liguria.
Le aree a pericolosità idraulica elevata in Italia risultano pari a 12.405 km2, le aree a pericolosità media ammontano a 25.398 km2, quelle a pericolosità bassa (scenario massimo atteso) a 32.961 km2. Le Regioni con i valori più elevati di superficie a pericolosità idraulica media, sulla base dei dati forniti dalle Autorità di Bacino Distrettuali, risultano essere Emilia-Romagna, Toscana, Lombardia, Piemonte e Veneto.
La popolazione residente esposta a rischio alluvioni in Italia è pari a: 2.062.475 abitanti (3,5%) nello scenario di pericolosità idraulica elevata P3 (tempo di ritorno fra 20 e 50 anni); 6.183.364 abitanti (10,4%) nello scenario di pericolosità media P2 (tempo di ritorno fra 100 e 200 anni) e 9.341.533 abitanti (15,7%) nello scenario P111 (scarsa probabilità di alluvioni o scenari di eventi estremi). Gli edifici a rischio alluvioni in Italia sono 1.351.578 (9,3%) nello scenario a pericolosità idraulica media P2.
(Fonte: Rapporto Ispra 2018 sul dissesto idrogeologico).»

Frane, allagamenti e alluvioni sono fenomeni che hanno accompagnato da sempre la nostra storia. Il rapporto Ispra presenta un'allarmante situazione ambientale che nel corso degli anni è motivo di studio da parte di geologi e politici. In base ai dati raccolti e alle tue conoscenze elabora un testo argomentativo, descrivendo in quale modo oggi gli strumenti tecnologici e le pratiche operative consentono di prevedere, monitorare e ridurre il rischio e i danni ambientali. Dopo aver esaminato le problematiche ed argomentato, dai un titolo complessivo all'elaborato e indica il giornale o la rivista sulla quale vorresti fosse pubblicato.

Svolgimento

STRUTTURA: Eventi naturali: la storia racconta. ■ Il nostro ■ Paese sottomesso alla forza della natura: come agire? ■ Il nostro pianeta potrebbe essere distrutto ■ Azioni preventive per il bene comune ■ Madre Natura necessita di una maggiore sicurezza.

Eventi naturali: la storia racconta.

Le catastrofi naturali sono eventi che non si possono prevedere né fermare, l'unica soluzione è riuscire ad attenuarne i danni. Sin dall'antichità, l'uomo ha dovuto fronteggiare la forza distruttiva della natura e, a tal proposito, potremmo ricordare la distruzione di Ercolano e Pompei, due città quasi scomparse a causa dell'eruzione del Vesuvio, avvenuta nel '79 d. C.
Il genere umano ha mostrato spesso **l'impossibilità di fermare tali eventi catastrofici poiché essi non sono prevedibili.**
Negli ultimi anni abbiamo assistito ad avvenimenti che hanno colpito il territorio giapponese: forti terremoti e tsunami con onde alte dieci metri ad una velocità di circa 750 km/h che hanno sconvolto la popolazione, consapevole di occupare un territorio soggetto a queste catastrofi e costretta a fuggire per non perdere la vita, lasciando ogni bene alle proprie spalle.

Il nostro Paese sottomesso alla forza della natura: come agire?

In Italia le calamità naturali hanno arrecato **danni ingenti**, distruggendo parte della bellezza del nostro Paese e procurando migliaia di vittime. Le frequenti piogge hanno causato **alluvioni** e le esondazioni dei fiumi hanno coinvolto diverse Regioni italiane.
Nel 2014, la città ligure di Genova e la sua provincia è stata vittima di danni gravissimi, a causa delle forti piogge che per

giorni, costantemente, hanno creato una situazione di emergenza, mettendo in ginocchio la popolazione che non era preparata a dover affrontare un livello delle acque così alte: sono state **distrutte attività commerciali e abitazioni**.
Quello italiano è un territorio che, oltre a essere cambiato per l'impatto delle attività umane, sta variando anche in funzione degli eventi climatici.
Un altro problema, infatti, è definire proprio **l'impatto che un evento climatico ha sul territorio** e probabilmente la causa è proprio l'urbanizzazione: la popolazione è aumentata.
Altra considerazione da fare è legata **all'impermeabilizzazione del territorio**, cioè la ricopertura delle pianure con strade, città e attività produttive: l'acqua non viene trattenuta dal suolo, pertanto scorre trascinando parte del terreno con essa.
Le montagne, inoltre, costituiscono un problema rilevante, esse **vengono disboscate** e non essendoci alberi, **il terreno tende a franare** anche in prossimità dei centri abitati.
Chiaramente **non è possibile controllare la pioggia in quanto elemento naturale, ma l'uomo può intervenire per limitare gli effetti di una pioggia molto intensa e prolungata**.
Una delle cause principali delle alluvioni è dovuto al fatto che **invece di adottare una accorta politica di prevenzione degli eventi catastrofici, basata sulla manutenzione e l'uso del suolo**, negli ultimi cinquant'anni **si sono privilegiati** piuttosto un vero e proprio saccheggio del territorio e l'economia dell'emergenza basata su **interventi postumi, dispendiosi e spesso tardivi**, prevalentemente a sostegno di "grandi opere", decise per le comunità e mai con le comunità, sui fiumi e non per la salvaguardia dei fiumi.
Gli studiosi di tali fenomeni dovrebbero operare delle precise scelte per il futuro in termini di **programmazione ed utilizzo delle risorse** accanto a chi detiene il potere.

Il nostro pianeta potrebbe essere distrutto

Il clima è influenzato dal global warming, cioè il riscaldamento globale, causato dalla **produzione dei gas**

serra presenti in atmosfera, sia di origine naturale sia di origine antropica. Tali gas serra filtrano le radiazioni solari ed ostacolano l'uscita delle radiazioni infrarosse in modo da permettere ai raggi solari di rimbalzare sul suolo terrestre dirigendosi nuovamente verso l'alto, impedendone la loro completa dispersione nello spazio attraverso il "rimbalzo/ritorno" verso il basso (cioè il suolo).
L'effetto serra è un fenomeno naturale da sempre presente sulla terra e senza il quale la temperatura sarebbe mediamente di 30° più bassa. Attualmente, **la concentrazione di CO2 nell'atmosfera è aumentata del 10%, principalmente a causa dell'utilizzo di combustibili fossili come carbone e petrolio.**
Ad aggravare la situazione, la deforestazione, che riduce la presenza di "catturatori" naturali di CO2 quali sono gli alberi.
L'incremento di anidride carbonica legato all'uso di combustibili fossili sembra venga **ulteriormente amplificato dal conseguente riscaldamento degli oceani**, che contengono una grande quantità (disciolta) di CO2 ed il riscaldamento dei mari ne causerebbe, di conseguenza, l'emissione in atmosfera. Da qui, i cambiamenti climatici in atto e il riscaldamento globale. Limitando anche i gas serra si potranno evitare gli "eventi estremi". Per esempio, l'Emilia Romagna ha subìto piogge torrenziali quasi caraibiche, senza che vi fosse peraltro neve, in periodi dell'anno anomali.

Azioni preventive per il bene comune

Oltre che ridurre i gas serra dovremmo **adattarci ai cambiamenti climatici**. Tenere in corretta **manutenzione gli argini dei corsi d'acqua e sorvegliarli** attentamente durante le piene, ricordarsi anche di **informare la popolazione** che dietro un argine si sta al sicuro finché esso tiene o il fiume non lo supera, in tale ultimo caso il pericolo aumenta.
La prevenzione consiste nelle attività volte ad evitare o ridurre al minimo la possibilità che si verifichino danni conseguenti ad un'alluvione, ad una frana etc. Le attività di prevenzione sono quindi volte ad **adottare provvedimenti finalizzati**

all'eliminazione o attenuazione degli effetti al suolo previsti. Gli **interventi di tipo preventivo** possono essere **strutturali o non strutturali**. **I primi consistono in opere di sistemazione attiva o passiva, che mirano a ridurre la pericolosità dell'evento, abbassando la probabilità di accadimento oppure attenuandone l'impatto.** Esempi di interventi strutturali sono gli argini, le vasche di laminazione, le sistemazioni idraulico-forestali, il consolidamento dei versanti, etc.

Gli interventi non strutturali consistono in quelle azioni finalizzate alla riduzione del danno attraverso l'introduzione di vincoli che impediscono o limitano l'espansione urbanistica in aree a rischio, la pianificazione di emergenza, la realizzazione di sistemi di allertamento e di reti di monitoraggio.

Una delle possibili soluzioni potrebbe essere quella di costruire abitazioni o capannoni industriali e attività agricole lontano dai fiumi. Regolare manutenzione e pulizia dei fiumi, senza che questo voglia dire radere al suolo vegetazione e sterminare animali, altrimenti avremo canali che diventano ancora più pericolosi. Si potrebbe fermare il consumo del suolo riducendo al minimo le aree cementificate o asfaltate, costruendo in modo indiscriminato case, capannoni, autostrade e parcheggi. L'informazione è fondamentale per i cittadini che potrebbero, in caso di calamità, sapere cosa fare.

Inoltre, occorrerebbe tenere conto della **salvaguardia della fauna**, infatti sono molte le specie a rischio ed il WWF continua nella sua lotta tesa ad aiutare gli animali e a proteggerli dalle calamità naturali o dall'azione dell'uomo.

Si potrebbero istituire **Autorità di distretto**, come previsto dalle direttive europee, affidando loro il **coordinamento delle misure e degli interventi per difendere i terreni e le acque della zona**. In secondo luogo, per redigere programmi adeguati alla difesa, la gestione e la manutenzione del suolo sarebbe opportuno riferirsi al bacino idrografico e non ai confini amministrativi regionali, come avviene oggi.

Infine, **è necessario recuperare i finanziamenti per la difesa del suolo** che sono stati drasticamente tagliati nell'ultima finanziaria.

Anticipare i dissesti causati dai fenomeni naturali **è in parte possibile con nuove tecnologie** all'avanguardia come l'utilizzo di droni provvisti di sensori e videocamere che riescono a vedere e rilevare dati in zone altrimenti inaccessibili o di radar che possano controllare le frane.
Un sistema di monitoraggio per il rilevamento delle colate detritiche, nonché di una tipologia di frana temibile per la sua velocità e forza distruttiva, è stato messo di recente a punto dall'Istituto di ricerca per la protezione idrogeologica (Irpi) del Cnr. Si tratta di un dispositivo dotato di una sorta di semaforo lampeggiante che rileva l'evento franoso con specifici algoritmi e che analizza e interpretano il segnale proveniente da una rete di geofoni, sensori microsismici in grado di attivarsi con le vibrazioni del suolo.

Madre Natura necessita di una maggiore sicurezza.

L'esistenza della natura ha una forma troppo grande per la **razza umana** che, dall'alto della posizione predominante nella scala naturale, tenta in tutti i modi di **strumentalizzarla trasformandola in un oggetto da sfruttare per le proprie comodità** ma anche per imporre la propria superiorità o perlomeno illudersi di potersi imporre su un'entità di questa portata.
Il ruolo dell'uomo nei confronti della Natura comporta che un cambiamento, un mutamento del tutto "naturale" del nostro pianeta, abbia per noi conseguenze devastanti.
Sulla base di tutto ciò dobbiamo riflettere su come **le nostre azioni combinate ad eventi naturali possano avere risvolti ancor più negativi per l'uomo.** La "messa in sicurezza" è una frase ingannevole, perché il rischio si può ridurre ma non si eliminerà mai del tutto, pertanto l'uomo ha il **dovere di salvaguardare sé stesso e l'ambiente che lo circonda** con un impegno costante che miri al miglioramento delle proprie condizioni di vita poiché il Mondo in cui viviamo è un dono al quale non possiamo rinunciare.

AMBITO STORICO

24. Fascismo e comunismo: esiste un regime migliore di un altro?

Traccia

«Tuttavia, se un collega mi domandasse: preferisci il fascismo o il comunismo? Dovendo scegliere tra le due citate schifezze non esiterei: darei la preferenza alla prima, cioè a quella fondata e affondata da Benito Mussolini [...] Non comprendo perché oggi, a distanza di tre quarti di secolo si continui a deprecare in modo ossessivo e patologico il regime ducesco, quasi che non fosse mai morto e seguitasse ad essere una minaccia, mentre il socialismo sovietico, le cui tracce nefaste sono ancora perfettamente percepibili nella sinistra italiana, non susciti alcuna riprovazione. È un mistero [...] Tra i due tiranni, non c'è dubbio che quello comunista fu più atroce e sanguinario di quello fascista, però ciò non turba le coscienze né solleva interrogativi acconci su quale dei due despoti fosse peggiore. Lo stesso fenomeno si replica nel nostro vituperato Paese [...]».

Partendo da queste considerazioni di Vittorio Feltri, giornalista, saggista e opinionista italiano, che esprime la sua posizione nel contrasto tra Fascismo e Comunismo, elabora un tuo personale punto di vista. Sei d'accordo con quanto affermato? Esiste un regime migliore di un altro? Si possono trovare riscontri positivi in quello che hanno lasciato in eredità? Articola sinteticamente il tuo pensiero esprimendo ciò che pensi dei totalitarismi tra ieri e oggi.

Svolgimento

STRUTTURA: Fascismo e Comunismo: due regimi mai passati ■ L'Italia e i regimi totalitari ■ L'uomo ed i suoi interessi

Fascismo e Comunismo: due regimi mai passati

Nonostante siano passati diversi anni dalla **caduta dei regimi totalitari**, parlare oggi di Fascismo e Comunismo, con le dovute precisazioni, non risulta essere per nulla anacronistico.
Il **Fascismo**, che raggiunse l'apice nel nostro Paese nel cosiddetto ventennio (1922-1943), è un movimento politico che può essere considerato **l'evoluzione dei "Fasci Littori"**, usati dai romani per rappresentare il potere legittimo e successivamente assunto come simbolo identificativo dell'unione dei cittadini.
Il **Comunismo**, invece, ha origini più lontane e basa la sua ideologia sull'aspirazione di **creare una società egualitaria**; una visione considerata utopica e che ha suscitato consensi e critiche di ogni genere.
La storica contrapposizione tra Fascismo e Comunismo nasce dalla diversa visione che i regimi avevano della società. Se da una parte si riconosce la proprietà privata e la divisione delle classi sociali; dall'altra questa è abolita, richiamando il tema dell'uguaglianza economica e sociale, che lo Stato stesso si impegna a garantire. Entrambe le ideologie, per essere attuate, hanno dato vita a **regimi autoritari** che hanno lasciato un'eredità pesante alle future generazioni.

L'Italia e i regimi totalitari

Il nostro Paese, con il regime totalitario guidato da **Benito Mussolini**, ha subìto il peso dell'applicazione pura

dell'ideologia fascista, che iniziò il suo percorso ascensionale negli anni '20 indirizzandosi dapprima verso le classi più deboli, ma successivamente con la **Marcia su Roma** e l'omicidio del deputato socialista Giacomo Matteotti, dimostrò la sua connotazione dittatoriale **antisocialista**, acquisendo sempre maggior consenso tra gli industriali, i ricchi borghesi e i grandi proprietari terrieri, con l'applicazione di leggi in loro favore, la privatizzazione, la liberalizzazione degli affitti e lo smantellamento dei sindacati.
Nonostante ciò, nella nostra attuale società si fa sempre più insistente un **elevato numero di nostalgici del regime**, che dovendosi adeguare ai tempi, individuano come nemici della nazione l'Europa Unita e gli immigrati. **Gli immigrati sono considerati i capri espiatori per addossare la colpa della delinquenza e delle violenze nelle nostre città**. Sono considerati come **appartenenti a una razza inferiore**, proprio come negli anni '30 si faceva con gli ebrei. L'influenza di esempi negativi e **la scarsa conoscenza storico-culturale** del nostro Paese contribuiscono oggi ad **alimentare quel sentimento di odio** verso le classi meno abbienti e verso i meridionali, ritenuti responsabili del mancato sviluppo economico dell'Italia.
D'altra parte, la caduta dei regimi totalitari, fondati sull'ideologia marxista, ha portato alla nascita di un **nuovo tipo di capitalismo**, che continua ad escludere quelle classi sociali che vivono esclusivamente del proprio lavoro, denotando una sempre maggiore differenza tra la popolazione. Oggi abbiamo l'esempio della Cina, dove la popolazione gode di pochissime libertà, nonostante siano i produttori più consistenti della stragrande maggioranza dei prodotti che noi tutti utilizziamo quotidianamente. Altro esempio è rappresentato da Cuba, dove anche se viene garantita un'istruzione completamente gratuita, allo stesso tempo vengono aboliti diritti fondamentali, quali la libertà di stampa e di informazione.

L'uomo ed i suoi interessi

La storia insegna che le ideologie, anche se sono basate su

buoni presupposti, quando sono applicate e governate dall'uomo, producono scarsi risultati, se non addirittura dannosi. La loro applicazione, infatti, subisce l'influenza personale di chi la mette in pratica, sfociando nella **volontà di sopraffare i propri simili**, esclusivamente per interessi economici o per soddisfare quell'egoistico "superuomo" nietzschiano che spinge all'esaltazione personale.

AMBITO SOCIALE

25.
Il problema sempre più urgente del calo di interesse verso la letteratura e della crisi dell'editoria

Traccia

«Il giudice di ultima istanza è il pubblico; e il pubblico legge sempre meno. Il numero totale di copie vendute cala. In Italia, rispetto agli altri paesi, leggiamo poco. La stampa è in crisi. Le promozioni, a volte intelligenti, a volte strampalate, tentano invano di mettere un argine».

Partendo da questa affermazione del giornalista Piero Ottone, in cui emerge il problema sempre più urgente del calo di interesse verso la letteratura e della crisi dell'editoria, elabora una tua riflessione sull'importanza che per te hanno i libri, la letteratura e che ruolo assumono nella tua vita, in una società governata dal web e dai social.

Svolgimento

STRUTTURA: Il futuro dell'editoria: consigli per la sopravvivenza della carta. ■ Leggere: i dati Istat parlano chiaro

■ Quale motivazione alla base del disinteresse? ■ La lettura ci rende immortali ■ Quali strategie adottare

Il futuro dell'editoria: consigli per la sopravvivenza della carta.

Uno degli argomenti più rilevanti oggi nel dibattito socioculturale è quello che riguarda il **rapporto studenti-libri**: un rapporto fragile, un allontanamento determinato dalle tante "attrattive" che spingono i ragazzi a considerare la lettura una noiosa perdita di tempo.

Secondo le statistiche o, più semplicemente, se chiedessimo a uno studente qualsiasi se di una storia preferisce leggerne il libro o vederne il film, opterebbe, quasi sicuramente, per la seconda soluzione, considerata meno impegnativa e soprattutto noiosa.

Leggere: i dati Istat parlano chiaro

Gli italiani amano sempre di meno leggere, salvo che siano costretti a farlo per ragioni lavorative o di studio.

Questo influisce sul **mondo editoriale**, che **è in crisi**, soprattutto con l'avvento dei formati digitali, meno costosi e poco ingombranti. L'aumento della lettura in formato digitale è forse una delle cause della riduzione dei volumi in casa: circa una famiglia su dieci non ha alcun libro, dato ormai costante da quasi un ventennio.

Anche nei casi in cui è presente una libreria domestica, **il numero di libri disponibili è molto contenuto**. Tra le persone che dichiarano di disporre di molti libri in casa, circa una su cinque non ne ha letto nemmeno un libro o ha dichiarato di leggere non più di tre libri all'anno.

Quale motivazione alla base del disinteresse?

Situazione a dir poco disastrosa di cui **bisogna cogliere la causa scatenante questo disinteresse**. Già, perché nella società moderna, così frenetica e impegnata, siamo abituati

all'ottimizzazione del tempo anche nella scrittura dei messaggi e non si trova neanche il tempo per fermarsi ed immergersi in una interessante lettura.
Leggere è considerato, tra i ragazzi, un passatempo da nerd e viene praticato sempre meno in una società dove conta più l'apparire rispetto all'essere. Tale situazione può essere ben espressa con l'affermazione: "Meglio essere alla moda che topi da biblioteca!". Inoltre, l'acquisto di un libro comporta una spesa di denaro che spesso i giovani preferiscono impiegare nell'acquisto dell'ultimo modello di Adidas o di un capo di abbigliamento dalle tante fashion blogger su Instagram.

La lettura ci rende immortali

Tuttavia, **bisognerebbe sforzarsi per cercare di ritagliare un po' di spazio e ridare dignità alla lettura.** È necessario trasmettere ai ragazzi la bellezza e la poeticità della carta stampata. **Leggere è importante: è un allenamento per la mente**.
Inoltre, la lettura di un racconto sviluppa la fantasia, perché permette al lettore di entrare nei pensieri di un'altra persona, provare le sue emozioni, crescere con questa, provare nostalgia quando la storia volge al termine **Leggere, inoltre, aiuta ad accogliere punti di vista diversi e sempre nuovi.** Ciò in quanto, come diceva Umberto Eco, "la letteratura è un'immortalità all'indietro". Tramite i libri si scoprono eroi del passato, si approfondiscono materie, si studiano eventi che non si conoscevano.
"Chi non legge, a 70 anni, avrà vissuto una sola vita: la propria. Chi legge avrà vissuto 5000 anni: c'era quando Caino uccise Abele, quando Renzo sposò Lucia, quando Leopardi ammirava l'infinito."
Da queste parole di Umberto Eco si può cogliere il **valore della lettura**, che non deve essere abbandonato, ma **coltivato e spronato**.

Quali strategie adottare

Spesso a scuola si è obbligati a leggere un libro imposto da un professore e questo fa sì che tale attività diventi un obbligo, non più uno svago, ma un compito da svolgere. I professori dovrebbero rendere più accattivante la lettura, magari fornendo un elenco di titoli e di autori, all'interno del quale ciascuno studente possa trovare ciò che lo appassiona.
Spesso può accadere, infatti, che quel libro che tanto abbiamo odiato a scuola, perché obbligati a leggerlo, ci ritorni in mente, dopo anni, in un momento inaspettato della nostra vita e, rileggendolo, scopriamo di esserci completamente sbagliati. Quel libro non è più un nemico da detestare, ma diventa un compagno di viaggio, un amico che ti tiene compagnia in momenti difficili e che allontana la noia, non di certo la crea.

AMBITO
SOCIALE

26.
Le donne e i diritti: dopo anni di dure lotte hanno finalmente raggiunto un ruolo sociale pari a quello maschile?

Traccia

«La quota di donne che lavorano è cresciuta incessantemente in Europa negli ultimi anni, e il livello d'istruzione delle donne è oggi superiore a quello degli uomini. Ciò nonostante, la maggior parte delle donne sono ancora escluse dai vertici della vita sociale, economica e politica. La differenza media di retribuzione tra uomini e donne, ad esempio, si è stabilmente assestata sul 15% dal 2003, scendendo di un solo punto dal 2000, e la maggior parte delle donne recentemente affacciatesi sul mercato del lavoro sono entrate in settori e professioni dove si riscontrava già una forte presenza femminile. La presenza di donne dirigenti nelle imprese ristagna al 33%, mentre progredisce assai lentamente in campo politico; infatti appena il 23% dei parlamentari nazionali ed il 33% degli eurodeputati sono donne. Lo stesso dicasi quanto alla presenza delle donne nei governi nazionali, che da alcuni anni viene regolarmente monitorata dalla Fondazione Robert Schumann per tutti i paesi dell'Unione Europea. Un recente studio della CES (Confederazione europea dei sindacati) mostra come anche tra le organizzazioni dei lavoratori la presenza delle donne nei posti di responsabilità sia ancora troppo debole, nonostante sia in crescita l'affiliazione delle donne ai sindacati di tutta Europa».

Secondo l'Inca Cgil, che è un osservatorio per le politiche sociali in Europa con sede a Bruxelles, le donne al giorno d'oggi rivestono ruoli diversi da quelli che avevano in passato. Il sesso definito debole potrebbe finalmente, dopo anni di dure lotte, aver raggiunto pari diritti e dignità del sesso maschile. In base alle tue conoscenze, argomenta e rifletti su come è cambiato il ruolo della donna nel corso della storia fino ad oggi ed evidenzia se tale cambiamento è realmente avvenuto o ancora esistono donne sottomesse e sfruttate dalla società in cui vivono.

Svolgimento

STRUTTURA: Evoluzione storica della "donna" ■ La donna in oriente e in occidente ■ Dure lotte per i diritti femminili ■ Esistono ancora discriminazioni? ■ La consapevolezza della propria dignità

Evoluzione storica della "donna"

La realtà in cui viviamo ci dice chiaramente che **donne e uomini hanno pari diritti, ma** in passato il raggiungimento di tale parità è costato dure lotte e sofferenze. **Fin dai tempi più antichi diverso è stato il ruolo sociale della donna rispetto a quello dell'uomo**.

Nella **preistoria** le donne venivano considerate delle **divinità**, perché si pensava che ci fosse un legame tra gli individui di sesso femminile e la terra, ma con il trascorrere del tempo questa idea venne superata perché gli uomini iniziarono a svolgere le attività delle donne e di conseguenza l'organizzazione sociale passò dal "matriarcato" al "patriarcato".

Nella civiltà Greca, la donna all'interno delle mura domestiche aveva un **ruolo fondamentale**, essa si dedicava all'allevamento dei figli o al lavoro di tessitura ed usciva in

occasione di feste o eventi importanti, mentre l'uomo doveva occuparsi di altre attività.
All'epoca dei romani la donna era molto più **libera di circolare** di quella greca, infatti, poteva andare al teatro, al circo e partecipare alle feste, **non poteva partecipare alla vita politica**, ma occuparsi della casa e della famiglia. Riguardo il matrimonio, poi, le donne venivano date in spose molto presto, tra i dodici e i quattordici anni ed il marito veniva scelto dal padre. Paradossalmente il matrimonio in età precoce, si verifica ancora oggi in alcune parti del mondo, le cosiddette "spose-bambine".
Tra le popolazioni germaniche il ruolo sociale delle donne era inesistente: tutte le decisioni venivano prese esclusivamente dagli uomini.
Nel Medioevo il ruolo della donna non ha subìto molti cambiamenti e, sia nel mondo cristiano che in quello musulmano, **la donna è sottomessa all'uomo**. In entrambe le culture alla donna spetta di occuparsi della sfera privata, mentre all'uomo compete la sfera pubblica.

La donna in oriente e in occidente

Nel mondo islamico persino in casa gli ambienti maschili sono separati da quelli femminili e la donna incontra solo gli uomini della propria famiglia. Nella cultura cristiana non c'è questa segregazione, anche se, a seconda della classe sociale di appartenenza, le donne assumono comportamenti diversi e, se sono ricche, non possono uscire da sole se non per andare in Chiesa. **Oggi, la donna gode di maggiore libertà,** ma ciò non significa che abbia superato la posizione subalterna, infatti in varie parti del mondo, la donna appare ancora sfruttata ed oppressa.

Dure lotte per i diritti femminili

Il **cammino** della donna verso condizioni di vita migliori nella società è stato **lungo e ricco di ostacoli**, ritenuta sempre un essere fragile ed inferiore.

Durante la rivoluzione francese l'attivista Olimpia de Gouges difese i diritti delle donne redigendo un testo intitolato "Dichiarazione dei diritti della donna e della cittadina" insistendo affinché fossero restituiti alla donna quei **diritti naturali** che la forza del pregiudizio le aveva sottratto. Durante l'epoca della **rivoluzione industriale**, la condizione femminile conobbe un peggioramento poiché le donne lavoravano per oltre 12 ore al giorno senza avere alcuna tutela e proprio da questa condizione nacque la **volontà di ribellarsi**.
Fu proprio tra la fine dell'Ottocento con le ***suffragette*** inglesi che ebbe inizio una **battaglia per il voto femminile** e verso primi del Novecento che le donne iniziarono a far sentire la loro voce lavorando fuori casa.
In Italia, le donne cominciarono ad essere pari agli uomini nel **1946**, quando **per la prima volta poterono votare**, poi nel 1948 **la Costituzione stabilì la parità dei sessi** e nel 1975 la moglie venne riconosciuta alla pari del marito. In Italia la donna è riuscita ad ottenere il diritto al divorzio, a poter accedere alle cariche pubbliche, a stipulare contratti, ad avere un eguale trattamento nel diritto di famiglia, al lavoro, ad una paga equa e uguale a quella degli uomini, al controllo sulla riproduzione, alla proprietà, all'educazione.

Esistono ancora discriminazioni?

I **successi femminili** degli ultimi decenni come la nascita di poliziotti in gonnella e l'ingresso nel mondo militare ci porterebbe a dire che ormai tra sesso maschile e femminile non vi sono differenze, tuttavia non è del tutto così. **Esistono ancora discriminazioni** sui luoghi di lavoro e in Europa, secondo diversi sondaggi, le donne guadagnano ancora stipendi inferiori a quelli degli uomini.
È piacevole vedere che esistano donne come il Cancelliere federale della Germania Angela Merkel e tante altre che hanno avuto, come riconoscimento per la loro bravura, il premio Nobel, tra le quali le italiane Grazia Deledda, che ha vinto il Nobel per la Letteratura nel 1926 e Rita Levi

Montalcini, Nobel per la Medicina nel 1986.
Tuttavia, nel mondo orientale, anche per motivi religiosi, **la donna** non ha i giusti riconoscimenti, viene ancora **considerata un oggetto**. Alcune donne musulmane hanno ottenuto l'accesso ad alcune importanti cariche nell'amministrazione, ma in generale le donne devono ancora affrontare l'autorità del padre, dei fratelli, del marito e sono considerate una tentazione demoniaca per i credenti ed il loro corpo è "motivo di vergogna" e va quindi velato.
Inoltre, nei Paesi dove il grado di sviluppo non è molto alto, le donne vengono **maltrattate, private della loro persona e della loro identità** e spesso sono costrette a scappare per andare in Paesi dove possano vivere meglio, dove le condizioni di vita siano migliori, ma non sempre riescono a raggiungere questo obiettivo.
Al contrario di quanto si possa pensare, negli ultimi anni, anche nei Paesi maggiormente sviluppati, **il fenomeno sulla violenza della donna è aumentato**. Le donne raramente si lamentano di ciò che subiscono e nella maggior parte dei casi esse subiscono violenze molto pesanti con lesioni gravi sul loro corpo, anche se si registrano **lotte di rappresentanze femminili** in Parlamento.

La consapevolezza della propria dignità

Occorre essere consapevoli che la diversità della donna rispetto a quella dell'uomo non è una debolezza. Le donne saranno ancora mogli, madri, sorelle, compagne, ma **sono persone, con dignità ed autonomia**, capaci di pensare e dialogare.
In Italia la parità tra i sessi è stata raggiunta attraverso la Costituzione, essa infatti dichiara che le donne hanno gli stessi diritti degli uomini, ma purtroppo questo rimane solo sulla Carta, perché le donne continuano ad essere svantaggiate in molti settori. Dobbiamo infine ricordare che la donna ricopre due ruoli, quello lavorativo e quello materno, pertanto deve destreggiarsi tra i doveri familiari ed il lavoro e non dovrebbe essere costretta dalla società ad abbandonare

nessuno dei due ruoli. Il cammino dell'**emancipazione femminile** non deve essere ostacolato, in Italia la donna può permettersi un lavoro, può votare e partecipare alla vita politica e si spera che in futuro il sogno di eliminare ogni disuguaglianza possa finalmente realizzarsi in ogni parte del mondo.

AMBITO ECONOMICO/SOCIALE

27. Il caso Ilva di Taranto: come coniugare il diritto al lavoro col diritto alla salute

Traccia

«Il vostro futuro resterà sempre un passato. Lo splendore dei tempi antichi si spegnerà nel rimpianto. Come il Drago ha cancellato ogni mia speranza un altro drago nascerà su questa terra e l'avvelenerà. Infrangerà le vostre speranze, sporcherà le vostre anime. In questo luogo dove io spengo la mia vita, il vostro sangue scorrerà sul mio».

Il passo è tratto dal romanzo *L'isola dei perduti amanti*, un noir scritto da Angela Giovanna Todaro. In un viaggio parallelo tra Medioevo e contemporaneità, emerge la leggendaria figura di Teodora, la principessa infelice, che poco prima di gettarsi nelle acque di Taranto, scaglia una tremenda maledizione sulla città. Trasferendo la citazione nel contesto sociale odierno, rifletti sul caso Ilva. È possibile coniugare il diritto al lavoro col diritto alla salute?

Svolgimento

STRUTTURA: Un giorno come tanti ▪ Danni infiniti per cittadini stanchi ▪ La salute al primo posto

Un giorno come tanti

Il 25 Febbraio 2019 a Taranto si è tenuto un doloroso corteo in memoria dell'ennesima vittima innocente, il giovane Giorgio Di Ponzio, che a soli 15 anni ha pagato a caro prezzo il salato conto chiesto dall'Ilva, la mostruosa produttrice di acciaio e tumori.
Le strade del centro si sono riempite di persone che hanno preso parte alla fiaccolata, non solo in ricordo di Giorgio, ma per tutte le altre **vittime di cancro** di cui la città porta i segni del lutto. Già, perché **l'Ilva emana il 90,3% della diossina presente sull'intero territorio nazionale** e i cittadini di questa "città maledetta" ne pagano le conseguenze.

Danni infiniti per cittadini stanchi

La lista dei danni alla salute è assai grave: 237 casi di tumore maligno, di cui 17 in età pediatrica, 250 eventi coronarici, senza contare i tanti ricoveri ospedalieri che si rendono necessari ogni anno a causa delle malattie respiratorie. Quel veleno, che la gente respira, distrugge ogni cosa. **L'agricoltura è vietata nel raggio di 20 chilometri per l'inquinamento**, ciò ha portato alla chiusura di un centinaio di masserie, all'**abbattimento del bestiame** ed alla **disoccupazione di molti contadini**. Taranto, una città malata e martoriata.
Giovani vite spezzate, bambini chiamati a crescere troppo in fretta, genitori distrutti al pensiero di non potere vedere il futuro dei loro figli. La sottile polvere rossa, come il colore del tramonto, è lì, ben visibile a chiunque e ricorda la sua costante presenza minacciosa.
Come ha annunciato il sindaco di Taranto, "la malattia e il

dolore non sono un'esclusiva di qualcuno, non devono restare senza risposte".

La salute al primo posto

Sebbene la produzione dell'acciaio sia importante, è necessario che vengano apprestate delle misure contenitive e restrittive, poiché la produttività ed il lavoro di coloro che svolgono all'interno della fabbrica la propria attività lavorativa non dovrebbe mai prevalere sul diritto alla salute ed alla vita e delle persone. **Non si può scegliere tra la salute e il lavoro.**
Per arginare il problema e riportare i livelli di inquinamento a parametri accettabili è necessario trovare **alternative di sviluppo economico indipendenti dall'acciaieria, confidando nell'aiuto delle Istituzioni**. Sfruttando la posizione geografica e le bellezze naturali del territorio, la città di Taranto, che sorge sulle acque del Mediterraneo, una città con due mari, potrebbe puntare su altre alternative, in prospettiva di un vero sviluppo "pulito", che possa cancellare il veleno e il dolore della maledizione scagliata secoli fa da una triste principessa abbandonata.

AMBITO SOCIALE/STORICO

28. Il revisionismo storico ed i suoi rischi

Traccia

«L'approvazione in Polonia di una controversa legge sull'Olocausto ha provocato parecchio trambusto. Gli Stati Uniti hanno cercato di far pressioni sul presidente polacco Andrzej Duda per convincerlo a bloccare la promulgazione del testo, senza successo. Diversi paesi dell'Unione Europea hanno protestato in un clima di grande diffidenza che si trascina da mesi, dovuto alla contestatissima riforma del sistema giudiziario polacco. Le reazioni più dure sono però arrivate da Israele, dove si è parlato molto della legge sui giornali e nelle dichiarazioni dei politici. Il primo ministro israeliano Benjamin Netanyahu, per esempio, ha detto: «Nessuno può cambiare la storia e l'Olocausto non può essere negato».''

Questo articolo di giornale si occupa del caso scoppiato in Polonia, dove il Parlamento ha deciso di emanare una legge che vieta a chiunque di accusare la Polonia di aver contribuito alla tragedia dell'Olocausto. In base alle tue conoscenze, argomenta sui possibili rischi del revisionismo storico.

Svolgimento

STRUTTURA: Introduzione ■ Un duro passato. ■ La Polonia oggi: il revisionismo storico ■ La responsabilità umana

Introduzione

Il Novecento è stato senza ombra di dubbio uno dei secoli più singolari della storia civile dell'uomo. È stato il secolo del progresso, della tecnologia, ma anche dei grandi regimi totalitari, delle grandi guerre, della diffusione del terrorismo e della lotta ai diritti.
Poeti, filosofi, storici e letterati hanno dedicato ricerche, pagine, studi interi a tutti questi fatti che hanno appunto segnato in maniera indelebile la storia dell'uomo e della società.
Conoscere la storia non è solo importante, ma fondamentale per una serie di motivi che non riguardano solo la cultura personale, il voto di un'interrogazione o il superamento di un esame universitario: è molto di più. Conoscere i fatti storici è necessario per la formazione della persona, dell'essere umano e della civiltà stessa proprio per prenderne esempio o al contrario fare in modo che determinati fatti non accadano più.

Un duro passato.

La storia è fatta di innumerevoli pagine che hanno lasciato tracce indelebili, tra queste un discorso a sé stante meritano gli atroci delitti contro l'umanità che consumatisi ad **Auschwitz** tra il 1939 e il 1945.
Il complesso dei campi di sterminio di Auschwitz, il cui termine è una traduzione tedesca dal polacco Oświęcim, era situato in un territorio polacco del Terzo Reich, scelto perché collocato geograficamente in un punto di snodo importante per il collegamento con la Germania.
Non è facile quantificare il numero di **persone deportate e uccise** in quegli anni di atrocità. In base alle diverse indagini

storiche, unite alle diverse testimonianze, si possono contare solo nel campo di Auschwitz almeno 1.000.000 di vittime tra ebrei, rom, disabili, omosessuali e dissidenti politici.
Fino all'arrivo dell'Armata Rossa nessuno ha mai saputo nulla delle atrocità compiute all'interno dei campi e inoltre i tedeschi, negli ultimi giorni prima della liberazione definitiva del campo, avvenuta il 27 gennaio del 1945 ad opera delle armate sovietiche, hanno cercato in tutti i modi di nascondere le prove del genocidio. Fortunatamente tale intento non è mai andato a buon fine, per cui ancora oggi è possibile conservarne la memoria.

La Polonia oggi: il revisionismo storico

In tempi ben più recenti, cioè nel 2018, a distanza di ben 73 anni dalla liberazione del campo, il **Parlamento polacco** ha emanato **una legge** che prevede **punizioni molto severe per chiunque dichiari l'esistenza di un possibile legame tra i lager sorti in Polonia e la Polonia stessa quale Stato.** Si parla addirittura di multe salatissime e in certi casi anche di reclusione in carcere fino a tre anni.
In realtà, **in Polonia l'antisemitismo** ha sempre rappresentato **un'ideologia viva e realmente praticata.**
A conferma di ciò vi sono diversi fatti storici, basti pensare ad esempio a quando nel 1942 il governo polacco in esilio a Londra emanò un documento sullo **sterminio di massa** degli ebrei polacchi, oppure a quando nel 1968 alcuni polacchi organizzarono un pogrom in Kielce e il governo comunista intraprese una campagna antisemita. Anche in tempi ancora più recenti la Polonia è stata teatro di manifestazioni antisemite, nel 2017, infatti, a Varsavia hanno sfilato circa sessantamila estremisti palesando slogan antisemiti.
Quello del governo polacco è un vero e proprio **tentativo di revisionismo storico**, cioè la necessità di correggere delle tesi, delle ideologie storiche ritenute scorrette. Non è certamente la prima volta che si verificano casi di questo tipo, poiché tentativi di questo genere sono stati effettuati anche nei confronti di altri fatti storici.

Si tratta spesso e volentieri di **tentativi di strumentalizzazione politica** da parte delle diverse fazioni (destra o sinistra) innanzi ai quali è necessario prestare attenzione affinché si possa avere un quadro non distorto dei fatti.

La responsabilità umana

In base alle premesse dedicate all'importanza della storia, si ritiene che questo atteggiamento revisionista possa **condizionare** sia la visione della storia e della memoria, sia l'atteggiamento degli uomini nei confronti della storia stessa.
Gli uomini, tutti, nessuno escluso, hanno una grande responsabilità nei confronti della società e della storia stessa e certamente l'uomo si forma anche per merito di tale responsabilità.
Il rischio più grande oltre ad una visione distorta della stessa è che gli stessi uomini seguendo tali esempi vengano educati a fuggire dalle proprie responsabilità.

AMBITO
SOCIALE/STORICO

29. Razzismo e xenofobia: due fenomeni antichi presenti nella società democratica odierna

Traccia

«Viviamo tempi in cui sembrano riprendere vita e diffondersi sentimenti che a molti parevano superati. Sentimenti di sospetto, di timore, di disprezzo e perfino di odio nei confronti di individui o gruppi giudicati diversi in ragione della loro appartenenza etnica, nazionale o religiosa e, in quanto tali, ritenuti non abbastanza degni di partecipare pienamente alla vita della società. Questi sentimenti, poi, troppo spesso ispirano veri e propri atti di intolleranza, discriminazione o esclusione, che ledono gravemente la dignità delle persone coinvolte e i loro diritti fondamentali, incluso lo stesso diritto alla vita e all'integrità fisica e morale. La gravità di questi fenomeni non può lasciarci indifferenti. Siamo tutti chiamati, nei nostri rispettivi ruoli, a coltivare e promuovere il rispetto della dignità intrinseca di ogni persona umana, a cominciare dalla famiglia – luogo in cui si imparano fin dalla tenerissima età i valori della condivisione, dell'accoglienza, della fratellanza e della solidarietà – ma anche nei vari contesti sociali in cui operiamo. Di fronte al dilagare di nuove forme di xenofobia e di razzismo, anche i leader di tutte le religioni hanno un'importante missione: quella di diffondere tra i loro fedeli i principi e i valori etici inscritti da Dio nel cuore dell'uomo, noti come la legge morale naturale. Si tratta di compiere e ispirare gesti che contribuiscano a costruire società fondate sul principio della sacralità della vita umana e sul rispetto della dignità di ogni persona, sulla carità, sulla fratellanza –

che va ben oltre la tolleranza – e sulla solidarietà».

Questo discorso è tratto dalle parole di Papa Francesco durante la *Conferenza mondiale su xenofobia, razzismo e nazionalismi populisti nel contesto delle migrazioni globali*, tenutasi a Roma lo scorso settembre. Il razzismo e la xenofobia sono fenomeni antichi purtroppo in aumento, in base alle tue conoscenze, argomenta e spiega in quale maniera nella società democratica odierna dilaga l'intolleranza verso l'altro visto come il diverso.

Svolgimento

STRUTTURA: Introduzione ■ La radice dei mali ■ Esiste un confine tra razzismo e xenofobia? ■ Ieri e oggi a confronto: cosa è cambiato. ■ Come agire.

Introduzione

La tolleranza è alla base di ogni società democratica, di ogni Paese cosiddetto "civilizzato", senza di essa infatti i rapporti civili tra uomini di diverse razze, religioni e sesso vengono meno ed in tale modo crollano le basi della convivenza tra cittadini.

Al giorno d'oggi si parla sempre di più di **xenofobia** e tale termine è spesso associato al **razzismo**, ma per comprendere bene cosa essi vogliano significare occorre approfondire l'etimologia di tali parole. Il termine "razzismo" indica, in senso lato, **un atteggiamento di intolleranza sociale che porta un individuo o un gruppo a non accettare l'esistenza di individui e gruppi con modi di pensare e di agire differenti dai propri.**

Questa forma di intolleranza è stata spesso presente nella storia dell'umanità, mentre è relativamente recente e specifica della cultura occidentale una **concezione biologica del**

razzismo, basata sulla convinzione che esistano razze "superiori" e razze "inferiori".
Al razzismo in genere si accompagna **la xenofobia**. Questa è **un'esasperazione dell'etnocentrismo**, cioè della **propensione a ritenere che gli usi e i costumi della propria comunità siano superiori a quelli di qualsiasi altra e si concreta in un atteggiamento di forte avversione verso i membri delle altre comunità**.

La radice dei mali

Intolleranza, razzismo e xenofobia si sono variamente intrecciati nella storia degli ultimi secoli, avendo come radice comune il **pregiudizio** di una qualche "superiorità" del proprio gruppo d'appartenenza rispetto agli altri. Tale pregiudizio fondamentale può avere cause storico-economiche, cause socioeconomiche e psicologico-culturali, quali i pregiudizi connessi all'integralismo religioso o politico, o alla diffusione di determinati stili di vita, autoritari, egocentrici, egoistici, consumistici, assai rigidi nei confronti dell'accoglienza del diverso e del rispetto delle differenze.
Determinate situazioni sociali favoriscono l'insorgenza del pregiudizio, come l'eterogeneità (razziale, religiosa, linguistica) della struttura sociale, l'incremento rapido della mobilità sociale, la tendenza all'aumento numerico di un gruppo di minoranza, il controllo dell'informazione da parte di gruppi interessati, per vari motivi, alla diffusione del pregiudizio.
Ripercorrendo da un punto di vista storico il razzismo potremmo dire che esso **nasce con la scoperta e conquista dell'America** da parte degli europei che iniziano ad affermare la superiorità dell'uomo bianco sulle altre razze.
Alla fine del 1400 la **tratta degli schiavi** proseguì l'affermarsi del razzismo e questo evento prese il nome di **black holocaust,** cioè olocausto africano, terminato solo nel '700 e nell'800 quando vi è stata **l'abolizione della schiavitù**.
Il Colonialismo contribuì al dilagare del razzismo perché vi era il dominio totale di una nazione su un'altra terra il cui popolo veniva ridotto in schiavitù. I colonizzatori europei riducevano gli

africani in schiavi e classificarono quelle popolazioni come subumane, razze inferiori rispetto ai colonizzatori bianchi convinti della loro superiorità. Il potere era in mano ai bianchi e il loro dominio era imposto con forza e violenza. Ad ogni resistenza le truppe rispondevano con vessazioni e atrocità e si arrivò persino allo sterminio di interi popoli.
Quando venne abolita la schiavitù in America si creò una **convivenza forzata tra bianchi e neri.** Questi ultimi venivano discriminati e vivevano nei ghetti lontani dalle città, in condizioni drammatiche. Erano separati dai bianchi e non avevano gli stessi diritti. A battersi per questi diritti scese in campo **Martin Luther King**, reverendo nero capo del movimento non-violento. **La discriminazione razziale terminò con pari diritti solo negli anni Settanta del '900**, grazie all'impegno di **movimenti antirazzisti** e di figure come Martin Luther King.
Si ricorda anche **l'apartheid**, la politica di **segregazione razziale** nel secondo dopoguerra dal governo di etnia bianca del Sudafrica. L'apartheid consisteva nella separazione dei bianchi dai neri e l'istituzione di ghetti per la popolazione nera. Con l'apartheid venivano **proibiti rapporti o matrimoni tra le due razze**, veniva proibito alle persone di colore di entrare nelle zone frequentate dai bianchi. Vi era il **divieto di usare mezzi di trasporto e strutture pubbliche uguali** (fontane, marciapiedi, scuole, sale d'attesa ecc.). Era previsto un passaporto speciale per accedere alle zone dove vivevano i bianchi. Queste regole vennero poi estese a tutti i cittadini di colore diverso, come gli asiatici. Il razzismo era basato sulla superiorità della razza bianca.
Proseguendo con una disamina storica si ricordano le **persecuzioni e lo sterminio degli ebrei** da parte dei tedeschi durante la seconda guerra mondiale.

Esiste un confine tra razzismo e xenofobia?

Il confine tra razzismo e xenofobia è in realtà assai **labile** e le più recenti ricerche tendono a ridurlo, dando una definizione di razzismo che non si fonda soltanto sulla persuasione di differenze biologiche tali da giustificare una presunta superiorità

o inferiorità razziale. Il contatto con il diverso è inevitabilmente carico di **tensione emotiva**. Non è però il contatto difficile con il diverso a costituire razzismo, bensì una certa interpretazione della differenza, in gran parte dipendente da un contesto sociale e culturale.
Si ha razzismo quando la **differenza è utilizzata a proprio favore e a danno dell'altro**, in modo che essa produca **disuguaglianza e subordinazione**. La differenza è quindi usata al fine di dominare il diverso e, dunque, il razzismo si traduce in una serie di comportamenti di **oppressione e aggressione.**

Ieri e oggi a confronto: cosa è cambiato.

Da pochi anni in Europa si è tornati a parlare di razzismo, anche sui giornali o in televisione costantemente scorrono notizie su gruppi o singoli individui che si mostrano xenofobi o antisemiti o antimeridionalisti. Questo fenomeno sta sollevando preoccupazioni soprattutto in Francia dove le varie etnie sembrano incompatibili per le differenti culture ed i mali della società vengono imputati allo straniero.
Inoltre, si registrano novità anche su un altro versante di riferimento degli xenofobi: il concetto di nazione. L'alibi della nazione in pericolo minacciata dall'invasione straniera è un alibi razzista, che tra l'altro servì al nazional-socialismo per giustificare lo sterminio degli ebrei.
Anche nel mondo calcistico spesso si assiste, durante le partite, ad attacchi tra squadre del nord e squadre del sud o verso giocatori la cui pelle non è bianca.
Questo complesso di fenomeni tra qualche anno potrebbe diventare **ingovernabile**. **La vigilanza, il rilancio di un intelligente campagna civile e il recupero di valori** in disuso potrebbero riportare la questione sui giusti presupposti.

Come agire.

Nella Conferenza mondiale su razzismo, xenofobia e antisemitismo Papa Francesco ha attribuito la colpa del dilagare

di questi fenomeni **alla politica che strumentalizza le paure del popolo** per “miopi interessi elettorali”. Il Papa chiama tutti a **collaborare per contrastare queste derive ideologiche e promuovere** in ogni contesto **il rispetto della dignità** di ogni persona umana.
Lottare contro la xenofobia dovrebbe essere una priorità per tutte le persone che si riconoscono nella Dichiarazione Universale dei diritti umani e nella Costituzione, o, semplicemente, che vogliono condurre una vita serena, perché come afferma Papa Francesco **“Siamo tutti membri della famiglia umana”.**

AMBITO DISCIPLINARE SOCIALE

30. Immigrazione e condizione dello straniero

Traccia

«Perché io ho avuto fame e mi avete dato da mangiare, ho avuto sete e mi avete dato da bere; ero forestiero e mi avete ospitato, nudo e mi avete vestito […] Allora i giusti gli risponderanno: Signore, quando mai ti abbiamo veduto affamato e ti abbiamo dato da mangiare, assetato e ti abbiamo dato da bere? Quando ti abbiamo visto forestiero e ti abbiamo ospitato, o nudo e ti abbiamo vestito? […] Rispondendo, il re dirà loro: In verità vi dico: ogni volta che avete fatto queste cose a uno solo di questi miei fratelli più piccoli, l'avete fatto a me».

Partendo da questo passo del *Vangelo di Matteo*, parla del fenomeno dell'immigrazione, esprimendo il tuo personale punto di vista a riguardo.
Superando le divisioni interne e le inutili paure generate dall'incalzante ondata del terrorismo, è possibile coniugare il rispetto della dignità umana con la sicurezza degli Stati europei?

Svolgimento

Nella maggioranza dei casi, se si chiedesse a una qualsiasi persona quale sia uno dei problemi dell'Italia, risponderebbe: **l'immigrazione**.
Si tratta di un termine oggi molto attuale che rappresenta un universo variegato, oltre che un fenomeno che ha da sempre contraddistinto la vita degli esseri umani.
Definita come **trasferimento** permanente o spostamento temporaneo di persone **in un Paese diverso da quello d'origine**, l'immigrazione interessa l'intero pianeta.
Questo fenomeno oggi fa molto discutere perché divide gli italiani in due schieramenti contrapposti, i favorevoli e i contrari alla **"chiusura dei porti"**.
Il fenomeno della immigrazione rende necessario comprendere le motivazioni che inducono lo straniero a lasciare il proprio Paese in cerca di una nuova terra, di una nuova vita e di una desiderata umanità, che, purtroppo, non sempre incontra. Deve, dunque, evitarsi che alla "chiusura dei porti", quale misura che arginare e controllare il fenomeno migratorio, **equivalga una chiusura di mente**.
Spesso si dimentica che i migranti **scappano da violente guerre civili**, spietati contrasti tra tribù, da governi dittatoriali, da fame e miseria. Si tratta di persone che vivono con meno di un dollaro al giorno e che, con quel poco che guadagnano, devono sfamare famiglie molto numerose. Esseri umani **che non possono studiare, curarsi** e la cui prospettiva di vita è molto bassa.
Sebbene, presi dalla vita frenetica di tutti i giorni, sia difficile per l'uomo occidentale riflettere su tali aspetti c'è un dato che merita attenzione. Poche persone, infatti, sono a conoscenza del fatto che molti smartphone contengono **coltan**, la sabbia nera lavorata da bambini, che la **bauxite** è africana, che i dolciumi al cioccolato sono fatti con cacao africano.
Si, tratta, a ben vedere, di un **fenomeno che interessa anche gli italiani**. È un fenomeno paragonabile ad un "nomadismo"

che spinge l'individuo, bramoso di condizioni di vita sempre migliori, a cercare nuovi stimoli e nuove vite.
A partire dall'unità d'Italia, e per circa un secolo, furono davvero moltissimi gli **italiani** che decisero di lasciare il proprio Paese per **cercare fortuna e condizioni di vita migliori altrove**. In particolare, nel corso della durata di tutto il periodo migratorio, furono circa **24 milioni di italiani**, in prevalenza uomini e giovani, a lasciare la penisola. Contrariamente a quello che si pensa, però, il fenomeno dell'emigrazione interessò l'intera penisola italiana: dalla seconda metà dell'800 ai primi del '900, infatti, fu il nord a essere caratterizzato dal fenomeno, mentre nei decenni successivi l'esodo fu quello dei meridionali.
E ancora **oggi sono innumerevoli gli italiani che decidono volontariamente di vivere all'estero**, per condurre lì i propri studi o svolgere la propria attività lavorativa, tanto che la percentuale delle partenze dall'Italia è la più alta tra i Paesi europei.
L'apertura mentale allo straniero è possibile e utile perché crea un contatto tra culture diverse, uno scambio che permette la creazione di esperienze artistiche e sociali innovative. È necessario che ci sia un'apertura nei confronti di questo fenomeno, affinché l'immigrazione si trasformi in un'opportunità, ovviamente controllata, ma accessibile a chiunque.

Parte III

APPENDICE

ORDINANZA MINISTERIALE MIUR 11 MARZO 2019 N. 205

Istruzioni e modalità organizzative e operative per lo svolgimento dell'esame di Stato conclusivo dei corsi di studio di istruzione secondaria di secondo grado nelle scuole statali e paritarie - anno scolastico 2018/2019.

Articolo 1
Inizio della sessione di esame

1. La sessione dell'esame di Stato conclusivo del secondo ciclo di istruzione ha inizio, per l'anno scolastico 2018/2019, il giorno 19 giugno 2019 alle ore 8:30, con lo svolgimento della prima prova scritta.

Articolo 2
Candidati interni

1. Sono ammessi a sostenere l'esame di Stato in qualità di candidati interni:

a) gli studenti che hanno frequentato l'ultimo anno di corso dei percorsi di istruzione secondaria di secondo grado presso istituzioni scolastiche statali e paritarie. L'ammissione all'esame di Stato è disposta, in sede di scrutinio finale, dal consiglio di classe, presieduto dal dirigente scolastico o da suo delegato. Sono ammessi all'esame di Stato, salvo quanto previsto dall'art. 4, co. 6, del d.P.R. n. 249 del 1998, gli studenti in possesso dei seguenti requisiti:

1) votazione non inferiore ai sei decimi in ciascuna disciplina o gruppo di discipline, valutate con l'attribuzione di un unico voto secondo l'ordinamento vigente e di un voto di comportamento non inferiore a sei decimi. Tale disposizione si applica anche agli studenti stranieri, privi del permesso di soggiorno. Nei percorsi di istruzione degli adulti di secondo livello, sono comprese le discipline per le quali è stato disposto, all'esito della procedura di riconoscimento dei crediti condotta dalla commissione di cui all'art. 5, co. 2, del d.P.R. n. 263 del 2012,

l'esonero dalla frequenza di tutte le unità di apprendimento a esse riconducibili. Nel caso di votazione inferiore a sei decimi in una disciplina o in un gruppo di discipline, il consiglio di classe può deliberare, con adeguata motivazione, l'ammissione all'esame di Stato conclusivo del secondo ciclo di istruzione. Nella relativa deliberazione, il voto dell'insegnante di religione cattolica, per gli studenti che si sono avvalsi dell'insegnamento della religione cattolica, è espresso secondo quanto previsto dal punto 2.7 del d.P.R. n. 751 del 1985; il voto espresso dal docente per le attività alternative, per gli studenti che si sono avvalsi di detto insegnamento, se determinante, diviene un giudizio motivato iscritto a verbale;

2) frequenza per almeno tre quarti del monte ore annuale personalizzato, fermo restando quanto previsto dall'art. 14, co. 7, del d.P.R. n. 122 del 2009. Si richiamano, in proposito, i chiarimenti forniti con la c.m. n. 20 del 2011, e con la nota del MIUR - Direzione generale per gli ordinamenti scolastici e l'autonomia scolastica 22 febbraio 2012, prot. n. 1000. Nei percorsi di istruzione degli adulti di secondo livello, ai fini della validità dell'anno scolastico, è richiesta la frequenza di almeno tre quarti dell'orario del percorso di studio personalizzato (PSP) definito nel patto formativo individuale. Al riguardo, si precisa che il monte ore del percorso di studio personalizzato (PSP) è pari al monte ore complessivo del periodo didattico sottratta la quota utilizzata per le attività di accoglienza e di orientamento (pari a non più del 10% del monte ore medesimo) e quella derivante dal riconoscimento dei crediti. La misura massima dei crediti riconoscibili a esito della procedura di riconoscimento non può di norma essere superiore al 50% del monte ore complessivo del periodo didattico frequentato (cfr. c.m. n.3 del 2016);

b) a domanda, gli studenti che hanno riportato, nello scrutinio finale della penultima classe, non meno di otto decimi in ciascuna disciplina o gruppo di discipline e non meno di otto decimi nel comportamento, che hanno seguito un regolare corso di studi di istruzione secondaria di secondo grado e che hanno riportato una votazione non inferiore a sette decimi in ciascuna disciplina o gruppo di discipline e non inferiore a otto decimi nel comportamento negli scrutini finali dei due anni antecedenti il penultimo, senza essere incorsi in non ammissioni alla classe successiva nei due anni predetti. Le votazioni suddette non si riferiscono all'insegnamento della religione cattolica e alle attività alternative. L'abbreviazione per merito non è consentita nei corsi quadriennali e nei percorsi di istruzione degli adulti di secondo livello, in considerazione della peculiarità dei corsi medesimi;

c) nella regione Lombardia, gli studenti in possesso del diploma di "Tecnico" conseguito nei percorsi di IeFP che hanno positivamente frequentato il corso annuale previsto dall'art. 15, co. 6, del d.lgs. n. 226 del 2005, e dall'Intesa 16 marzo 2009 tra il Ministero dell'istruzione, dell'università e della ricerca e la Regione Lombardia e presentano domanda di ammissione all'esame di Stato per il conseguimento di un diploma di istruzione professionale di cui al citato art. 15, co. 6, del d. lgs. n. 226 del 2005, coerente con il percorso seguito. Il Direttore generale dell'Ufficio scolastico regionale, sulla base dell'elenco dei candidati presentato da ciascuna istituzione formativa presso la quale tali studenti hanno frequentato il suddetto corso, dispone l'assegnazione degli stessi a classi di istituto professionale statale, per la necessaria valutazione dei risultati finali in vista dell'ammissione all'esame di Stato. L'ammissione all'esame viene deliberata in sede di scrutinio finale dal consiglio della classe dell'istituto professionale al quale tali studenti sono stati assegnati in qualità di candidati interni, sulla base di una relazione analitica, organica e documentata fornita dall'istituzione formativa che ha erogato il corso. In tale relazione sono evidenziati il *curriculum* formativo, le valutazioni intermedie e finali dei singoli candidati, il comportamento e ogni altro elemento ritenuto significativo ai fini dello scrutinio finale. I candidate ammessi all'esame sono considerati a tutti gli effetti candidati interni e la classe/commissione alla quale sono assegnati, sul piano organizzativo, si configura come "articolata";

d) nelle Province autonome di Trento e Bolzano, gli studenti che hanno conseguito il diploma professionale al termine del percorso IeFP quadriennale, di cui all'art. 20, co. 1, lettera c), del d. lgs. n. 226 del 2005, che hanno positivamente frequentato il corso annuale secondo quanto previsto dall'art. 6, co. 5, del d.P.R. n. 87 del 2010, e presentano domanda di ammissione all'esame di Stato quali candidati interni dell'istruzione professionale al Dirigente della sede dell'istituzione formativa nella quale frequentano l'apposito corso annuale.

2. In sede di scrutinio finale, la valutazione degli studenti è effettuata dal consiglio di classe; ai sensi dell'art. 37, co. 3, del d. lgs. n. 297 del 1994, in caso di parità nell'esito di una votazione, prevale il voto del presidente. Il consiglio di classe, nell'ambito della propria autonomia decisionale, adotta criteri e modalità da seguire per la formalizzazione della deliberazione di ammissione. L'esito della valutazione si rende pubblico, se positivo, riportando all'albo dell'istituto sede d'esame il voto di ciascuna disciplina e del comportamento, il punteggio relativo al credito scolastico dell'ultimo anno e il credito scolastico complessivo, seguiti dalla dicitura "ammesso"; se negativo, riportando solo la dicitura "non ammesso", senza pubblicazione di voti e punteggi. Le deliberazioni del consiglio di classe di non ammissione all'esame sono puntualmente motivate. Per tutti gli studenti esaminati in sede di scrutinio finale, i voti attribuiti in ciascuna disciplina e sul comportamento, nonché i punteggi del credito sono riportati nelle pagelle e nel registro dei voti. In particolare, i voti per i candidati di cui al precedente comma 1, lettera c), sono inseriti in apposito

distinto elenco, che viene allegato al registro generale dei voti della classe alla quale essi sono stati assegnati.

3. Ai sensi dell'articolo 20 del d.lgs. n. 62 del 2017 gli studenti con disabilità sono ammessi a sostenere l'esame di Stato conclusivo del secondo ciclo di istruzione secondo quanto disposto dall'art. 13 del d.lgs. 62 del 2017. Il consiglio di classe stabilisce la tipologia delle prove d'esame e se le stesse hanno valore equipollente all'interno del piano educativo individualizzato. La commissione d'esame, sulla base della documentazione fornita dal consiglio di classe, relativa alle attività svolte, alle valutazioni effettuate e all'assistenza prevista per l'autonomia e la comunicazione, predispone una o più prove differenziate, in linea con gli interventi educativo-didattici attuati sulla base del piano educativo individualizzato e con le modalità di valutazione in esso previste. Tali prove, ove di valore equipollente, determinano il rilascio del titolo di studio conclusivo del secondo ciclo di istruzione. Nel diploma finale non viene fatta menzione dello svolgimento di prove differenziate.

4. Ai sensi dell'articolo 20 del d.lgs. n. 62 del 2017 gli studenti con disturbo specifico di apprendimento (OSA), certificato ai sensi della 1. n.170 del 2010, sono ammessi a sostenere l'esame di Stato conclusivo del secondo ciclo di istruzione secondo quanto disposto dall'art. 13 del d.lgs. 62 del 2017, sulla base del piano didattico personalizzato. La commissione d'esame, considerati gli elementi fomiti dal consiglio di classe, tiene in debita considerazione le specifiche situazioni soggettive adeguatamente certificate e, in particolare, le modalità didattiche e le forme di valutazione individuate nell'ambito dei percorsi didattici individualizzati e personalizzati. Nello svolgimento delle prove scritte, i candidati con DSA possono utilizzare tempi più lunghi di quelli ordinari per l'effettuazione delle prove scritte e utilizzare gli strumenti compensativi previsti dal piano didattico personalizzato e che siano già stati

impiegati per le verifiche in corso d'anno o comunque siano ritenuti funzionali allo svolgimento dell'esame, senza che venga pregiudicata la validità delle prove scritte. Nel diploma non viene fatta menzione dell'impiego degli strumenti compensativi.

5. Le sanzioni per le mancanze disciplinari commesse durante le sessioni d'esame sono inflitte dalla commissione di esame e sono applicabili anche ai candidati esterni (art. 4, co. 11, del d.P.R. n. 249 del 1998).

6. Ai sensi del d.l. n. 91 del 2018, convertito con modificazioni dalla l. n. 108 del 2018, i requisiti della partecipazione alle prove INVALSI e dello svolgimento dei percorsi per le competenze trasversali e l'orientamento, previsti dal d.lgs. n. 77 del 2005 e così ridenominati dall'art. 1, co. 784, della l. n. 145 del 2018, non sono richiesti per l'ammissione all'esame del corrente anno scolastico.

Articolo 3
Candidati esterni

1. Ai sensi dell'articolo 14 del d.lgs. n. 62 del 2017 sono ammessi all'esame di Stato, alle condizioni previste dal presente articolo, coloro che:

a) compiano il diciannovesimo anno di età entro l'anno solare in cui si svolge l'esame e dimostrino di aver adempiuto all'obbligo di istruzione;

b) siano in possesso del diploma di scuola secondaria di primo grado da un numero di anni almeno pari a quello della durata del corso prescelto, indipendentemente dall'età;

c) siano in possesso di titolo conseguito al termine di un corso di studio di istruzione secondaria di secondo grado di durata almeno quadriennale del previgente ordinamento o siano in possesso di diploma professionale di tecnico di cui al cui all'art. 15 del d. lgs. n. 226 del 2005;

d) abbiano cessato la frequenza dell'ultimo anno di corso prima del 15 marzo 2019.

2. Gli studenti delle classi antecedenti l'ultima, che soddisfino i requisiti di cui alle lettere a) o b) del precedente comma 1 e intendano partecipare all'esame di Stato in qualità di candidati esterni, devono cessare la frequenza prima del 15 marzo 2019.
3. I candidati esterni sostengono l'esame di Stato sui percorsi del vigente ordinamento. Non è prevista l'ammissione dei candidati esterni all'esame di Stato conclusivo del secondo ciclo di istruzione:
• nell'ambito dei corsi quadriennali; nei percorsi di istruzione di secondo livello per adulti; negli indirizzi del previgente ordinamento di cui all'art. 3, co. 2, del d.P.R. n. 89 del 2010, considerata la peculiarità di tali corsi di studio;
• nelle sezioni funzionanti presso istituti statali e paritari in cui sono attuati il percorsi EsaBac ed EsaBac *techno* (d.m. n. 95 del 2013, e d.m. n. 614 del 2016);
• nelle Province autonome di Trento e Bolzano, con riferimento all'esame di Stato collegato al corso annuale previsto dall'articolo 15, co. 6, del d.lgs. n. 226 del 2005, e recepito dalle Intese stipulate tra il Ministero dell'istruzione, dell'università e della ricerca e le predette Province autonome.
4. L'ammissione dei candidati esterni è subordinata al superamento dell'esame preliminare di cui al successivo art. 7.
5. Non è consentito ripetere l'esame di Stato della stessa tipologia o indirizzo, articolazione, opzione già sostenuto con esito positivo.
6. Ai sensi del d.l. n. 91 del 2018, convertito con modificazioni dalla 1. n. 108 del 2018, i requisiti della partecipazione alle prove INVALSI e dello svolgimento dei percorsi per le competenze trasversali e l'orientamento, previsti dal d.lgs. n. 77 del 2005, e così ridenominati dall'art. 1, co. 784, della n. 145 del 2018, non sono richiesti per l'ammissione all'esame del corrente anno scolastico.

Articolo 4
Sedi dell'esame

1. Ai sensi dell'art. 16, co. 1, del d. lgs. n. 62 del 2017, sono sedi dell'esame per i candidati interni gli istituti statali e gli istituti paritari da essi frequentati. Nelle Province autonome di Trento e Bolzano sono sedi di esame, in relazione al corso annuale di cui al precedente articolo 2, comma 1, lettera d), le sedi delle istituzioni formative che realizzano il corso annuale per l'esame di Stato.
2. Per i candidati esterni, sono sedi di esame soltanto gli istituti statali e gli istituti paritari ai quali gli stessi sono assegnati. Ai candidati esterni che abbiano compiuto il percorso formativo in scuole non statali e non paritarie o in corsi di preparazione, comunque denominati, è fatto divieto di sostenere l'esame in scuole paritarie che dipendano dallo stesso gestore o da altro gestore avente comunanza di interessi.
3. Per i candidati esterni, gli istituti statali e paritari sedi di esame sono quelli ubicati nel comune di residenza, ovvero, in caso di assenza nel comune dell'indirizzo di studio indicato nella domanda, nella provincia, e, nel caso di ulteriore assenza del medesimo indirizzo, nella regione, secondo quanto previsto dall'art. 14, co. 3, del d. lgs. n. 62 del 2017. Le relative documentate istanze di partecipazione vanno indirizzate dai candidati direttamente all'Ufficio scolastico regionale della regione di residenza, indicando, in ordine preferenziale, almeno tre istituzioni scolastiche in cui si intende sostenere l'esame. Gli istituti scolastici, statali o paritari, che impropriamente ricevano istanze di partecipazione all'esame di Stato da parte dei candidati esterni, hanno l'obbligo di trasmetterle immediatamente all'Ufficio scolastico regionale competente. Nello stesso modo procedono gli Uffici scolastici regionali, trasmettendo sollecitamente al competente Ufficio scolastico regionale le domande impropriamente ricevute. La mancata osservanza delle predette disposizioni preclude l'ammissione all'esame

di Stato, fatte salve le responsabilità penali, civili e amministrative a carico dei soggetti preposti alle istituzioni scolastiche interessate.

4. I Dirigenti preposti agli Uffici scolastici regionali, verificato il possesso dei requisiti di ammissione all'esame - compreso il requisito della residenza, che deve essere comprovato secondo le disposizioni di cui al d.P.R. n. 445 del 2000 - provvedono ad assegnare i candidati medesimi, distribuendoli in modo uniforme sul territorio, agli istituti scolastici statali o paritari aventi sede nel comune di residenza del candidato stesso ovvero, in caso di assenza nel comune dell'indirizzo di studio indicato nella domanda, nella provincia e, nel caso di assenza anche in questa del medesimo indirizzo, nella regione. In particolare, nel caso in cui non sia possibile effettuare l'assegnazione agli istituti richiesti, in ambito comunale e per il medesimo indirizzo di studi prescelto dall'interessato, procedono alla ripartizione delle domande su altre istituzioni scolastiche, statali o paritarie. Qualora non sia possibile, comunque, assegnare le domande né agli istituti richiesti né ad altri istituti dello stesso indirizzo di studi in ambito comunale ovvero manchi la tipologia richiesta, i Dirigenti preposti agli Uffici scolastici regionali assegnano le domande in ambito provinciale, rispettando le preferenze espresse dai candidati esterni e il criterio della territorialità di cui al d.lgs. n. 62 del 2017. Da ultimo, nell'impossibilità di accogliere le domande in ambito provinciale, si passa all'ambito regionale, seguendo la stessa procedura già utilizzata precedentemente. Nell'ipotesi in cui non risulti esistente in ambito regionale l'indirizzo di studi prescelto, il Dirigente preposto all'Ufficio scolastico della regione di residenza del candidato - acquisita ogni utile notizia - provvede a trasmettere la domanda ad altro Ufficio scolastico regionale per l'assegnazione di sede, dandone comunicazione all'interessato.

5. I Dirigenti preposti agli Uffici scolastici regionali, tenuto

conto che a ogni singola classe sono assegnati non più di trentacinque candidati verificano, in primo luogo, che con l'assegnazione di domande di candidati esterni non venga superato il limite, previsto dall'art. 14, co. 3, del d. lgs. n. 62 del 2017, del cinquanta per cento dei candidati interni. Valutano, poi, l'esistenza di idonea ricettività dell'istituto di eventuale assegnazione, in relazione al numero delle classi terminali dell'indirizzo di studi richiesto, alla materiale capienza dei locali e alla presenza di un numero sufficiente di docenti - anche di classi non terminali del medesimo istituto - per l'effettuazione dell'esame preliminare e/o per la formazione delle commissioni. I Dirigenti preposti agli Uffici scolastici regionali verificano che gli istituti non utilizzino locali esterni alla scuola, per i quali non sia stata predisposta richiesta degli specifici plichi contenenti i testi delle prove di esame e per i quali non siano presenti le necessarie garanzie di sicurezza. Infine, i Dirigenti preposti agli Uffici scolastici regionali danno comunicazione agli interessati dell'esito della verifica, indicando in caso positivo, la scuola di assegnazione.

6. Nel caso in cui non vi sia la possibilità di assegnare i candidati esterni alle predette commissioni, l'Ufficio scolastico regionale, considerato che i candidati esterni non possono superare il cinquanta per cento dei candidati interni, fermo restando il limite numerico di trentacinque candidati per classe/commissione, può autorizzare, in via eccezionale e previa verifica della scarsa diffusione territoriale dell'indirizzo, commissioni con un numero maggiore di candidati esterni ovvero commissioni apposite di soli candidati esterni, costituite esclusivamente presso istituzioni scolastiche statali. Si precisa che presso ciascuna istituzione scolastica statale può essere costituita soltanto una commissione di soli candidati esterni. Un'altra commissione di soli candidati esterni può essere costituita, sempre solo presso istituzioni scolastiche statali, soltanto in corsi di studio a scarsa o disomogenea diffusione sul

territorio nazionale.

7. I candidati esterni sostengono l'esame preliminare presso le istituzioni scolastiche loro assegnate come sedi di esame. Qualora il candidato esterno, per situazioni personali, sopravvenute o già esistenti al momento della presentazione della domanda, connotate dal carattere dell'assoluta gravità ed eccezionalità, abbia necessità di sostenere l'esame di Stato in un comune o provincia diversi da quelli della residenza anagrafica, ma della propria regione, presenta all'Ufficio scolastico regionale apposita richiesta di modifica della domanda in precedenza presentata, con unita dichiarazione sostitutiva dell'atto di notorietà, resa ai sensi del d.P.R. n. 445 del 2000, da cui risulti la situazione personale che giustifica l'eventuale deroga alla previsione di cui al d.lgs. n. 62 del 2017, di sostenere gli esami presso istituzioni scolastiche statali o paritarie aventi sede nel comune di residenza. Nella richiesta sono individuati il comune e l'istituto nel quale il candidato intende sostenere l'esame (compreso l'esame preliminare) e l'indirizzo di studio prescelto. Se il candidato è minorenne, la dichiarazione è resa dall'esercente la responsabilità genitoriale. L'Ufficio scolastico regionale valuta le motivazioni addotte e, nel caso di valutazione negativa, dà comunicazione al candidato con la precisazione dell'istituto di assegnazione. Nel caso di valutazione positiva, l'Ufficio scolastico regionale assegna la domanda all'istituto individuato nell'ambito della propria regione di competenza, trasmettendo, contestualmente, la relativa domanda e informandone l'interessato.

8. Il candidato esterno che, per situazioni personali, sopravvenute o già esistenti al momento della presentazione della domanda, connotate dal carattere dell'assoluta gravità ed eccezionalità, abbia necessità di sostenere l'esame di Stato in un comune di regione diversa da quella della residenza anagrafica, presenta all'Ufficio scolastico regionale della regione ove ha la residenza

anagrafica apposita richiesta con unita dichiarazione sostitutiva dell'atto di notorietà, resa ai sensi del d.P.R. n. 445/2000, da cui risulti la situazione personale che giustifica l'eventuale deroga al superamento dell'ambito organizzativo regionale, di cui al d. lgs. 13 aprile 2017, n. 62. Nella richiesta sono individuati il comune e l'istituto dove il candidato intende sostenere l'esame (comprese le prove preliminari) e l'indirizzo di studio prescelto. Se il candidato è minorenne, la dichiarazione è resa dall'esercente la responsabilità genitoriale. L'Ufficio scolastico regionale valuta le motivazioni addotte e, nel caso di valutazione negativa, dà comunicazione al candidato. Nel caso di valutazione positiva, l'Ufficio scolastico regionale comunica l'autorizzazione alla effettuazione degli esami fuori regione all'Ufficio scolastico regionale della regione ove è ubicata la località indicata dal candidato, informandone l'interessato, e trasmettendo la relativa domanda. L'Ufficio scolastico regionale ricevente l'autorizzazione provvede all'assegnazione del candidato. L'interessato è informato dell'istituto di assegnazione.

9. Ai sensi dell'art. 71 del d.P.R. n. 445 del 2000, il Dirigente scolastico dell'istituto al quale è stata assegnata l'istanza effettua, anche a campione, idonei controlli sulla veridicità delle dichiarazioni sostitutive.

10. Il Dirigente scolastico ripartisce i candidati esterni assegnati all'istituto statale o paritario dall'Ufficio scolastico regionale tra le diverse classi/commissioni dell'istituto, assicurando che il loro numero massimo non superi il cinquanta per cento dei candidati interni. A ogni singola classe/commissione non possono essere complessivamente assegnati più di trentacinque candidati. I candidati interni devono appartenere a una sola classe.

11. Negli indirizzi di studio nei quali, ai sensi del d.m. n.37 del 2019, la seconda prova scritta di lingua straniera è associata alla classe di concorso generica "A/24- lingue e culture straniere negli istituti di istruzione secondaria di

secondo grado", i candidati esterni vanno assegnati a classi/commissioni assicurando che le lingue straniere presenti nel curricolo del candidato coincidano con le lingue straniere della classe cui vengono abbinati.

12. Negli indirizzi di studio nei quali. ai sensi del d.m. n.37 del 2019, è stata individuata, tra le altre materie affidate a commissari esterni, la lingua straniera associata alla classe di concorso generica "A/24- lingue e culture straniere negli istituti di istruzione secondaria di secondo grado", i candidati esterni vanno assegnati a classi/commissioni assicurando che le lingue straniere presenti nel curricolo del candidato coincidano con le lingue straniere della classe cui vengono abbinati.

13. Per la Regione Lombardia, se sono presenti studenti fomiti del diploma professionale di "tecnico" che frequentano nel corrente anno scolastico il corso annuale, previsto dall'art. 15, co. 6, del d.lgs. n. 226 del 2005 e dall'Intesa del 16 marzo 2009 tra il Ministero dell'istruzione, dell'università e della ricerca e la Regione Lombardia, si deve operare considerando tali studenti quali allievi interni per il corrispondente indirizzo di studio di istruzione professionale. Conseguentemente, la classe dell'istituto professionale statale cui sono assegnati tali candidati deve essere considerata quale classe articolata.

14. Per le Province autonome di Trento e Bolzano, dove si tengono i corsi annuali per gli studenti che hanno conseguito il diploma professionale al termine del percorso di istruzione e formazione professionale quadriennale di cui all'art. 20, co. 1, lettera c), del succitato d. lgs. n. 226 del 2005, si opera considerando tali studenti quali allievi interni per il corrispondente indirizzo di studio di istruzione professionale.

15. Il Dirigente scolastico dell'istituto sede d'esame verifica la completezza e la regolarità delle domande e dei relativi allegati e, ove necessario, invita il candidato a perfezionare la domanda. Il predetto adempimento deve

essere effettuato prima della formulazione delle proposte di configurazione delle commissioni di esame. Il Dirigente scolastico è tenuto a comunicare immediatamente all'Ufficio scolastico regionale eventuali irregolarità non sanabili riscontrate.

16. Effettuazione delle prove d'esame fuori dalla sede scolastica

16.1 I Dirigenti preposti agli Uffici scolastici regionali valutano le richieste di effettuazione delle prove d'esame fuori dalla sede scolastica di candidati degenti in luoghi di cura od ospedali, detenuti o comunque impossibilitati a lasciare il proprio domicilio nel periodo dell'esame, autorizzando, ove ne ravvisino l'opportunità, le commissioni a spostarsi anche fuori provincia o regione. In tale ipotesi, le prove scritte sono effettuate, di norma, nella sessione suppletiva. Nei casi in cui ciò sia possibile, l'Ufficio scolastico regionale può autorizzare l'installazione di linee telematiche a comunicazione sincronica provvedendo alla relativa vigilanza.

16.2 Per i candidati che hanno frequentato, per periodi temporalmente rilevanti, corsi di istruzione funzionanti in ospedali o in luoghi di cura presso i quali sostengono le prove d'esame, nonché per gli studenti impossibilitati a lasciare il domicilio per le cure di lungo periodo alle quali sono sottoposti i procede come di seguito:

a) nel caso in cui la frequenza dei corsi di istruzione, funzionanti in ospedali o in luoghi di cura, abbia una durata pari o inferiore, con riferimento al numero dei giorni, rispetto a quella nella classe di appartenenza, i docenti che hanno impartito gli insegnamenti nei corsi stessi trasmettono alla scuola di provenienza elementi di conoscenza in ordine al percorso formativo attuato dai predetti candidati. Il competente consiglio di classe della scuola di appartenenza procede allo scrutinio di ammissione all'esame;

b) nel caso in cui la frequenza dei corsi di istruzione,

funzionanti in ospedali o in luoghi di cura, abbia una durata prevalente, con riferimento al numero dei giorni, rispetto a quella nella classe di appartenenza, i docenti che hanno impartito gli insegnamenti nei corsi stessi effettuano lo scrutinio di ammissione, previa intesa con la scuola di appartenenza, la quale fornisce gli elementi di valutazione eventualmente elaborati dai docenti della classe di appartenenza. Il verbale dello scrutinio è trasmesso alla scuola di appartenenza, che cura le trascrizioni dei risultati dello scrutinio nella pagella e nei registri.

Sia nel caso in cui lo scrutinio di ammissione sia effettuato dagli insegnanti che hanno impartito gli insegnamenti nei corsi funzionanti in ospedali o luoghi di cura, sia nel caso in cui lo scrutinio sia effettuato dal competente consiglio di classe della scuola di appartenenza, tenendo conto delle singole richieste di effettuazione delle prove fuori dalla sede scolastica, sono costituite commissioni formate, per la componente interna, in relazione alla durata della degenza o della cura, prioritariamente dai docenti della scuola in ospedale che hanno seguito lo studente durante tale periodo, ove le loro discipline non siano state assegnate a commissari esterni; per la componente esterna, sono costituite commissioni formate dai docenti presenti nella competente commissione esaminatrice della scuola di appartenenza dello studente, salvo difficoltà obiettive e motivate, rimesse alla valutazione dell'Ufficio scolastico regionale di riferimento, con la possibilità di integrare la commissione con i componenti esterni della commissione operante presso una delle scuole di identico indirizzo di studio del luogo di degenza o di località viciniori.

16.3 I componenti esterni le commissioni esaminatrici svolgono i loro lavori nelle sedi d'esame stabilite per i candidati.

Articolo 5
Presentazione delle domande

1. I candidati interni ed esterni devono avere presentato la domanda di partecipazione all'esame di Stato entro il termine del 30 novembre 2018. La domanda dei candidati esterni, indirizzata all'Ufficio scolastico regionale della regione di residenza, deve essere stata corredata, oltre che di ogni indicazione ed elemento utile ai fini dello svolgimento dell'esame preliminare e dell'esame conclusivo, di apposita dichiarazione sostitutiva, resa ai sensi del d.P.R. n. 445 del 2000, atta a comprovare il possesso da parte del candidato dei requisiti di ammissione all'esame, di cui al precedente articolo 3, compresa la residenza. La domanda dei candidati esterni deve essere stata corredata, altresì, della ricevuta del pagamento della tassa scolastica e dell'eventuale contributo.
2. Eventuali domande tardive dei candidati esterni possono essere prese in considerazione dagli Uffici scolastici regionali, limitatamente a casi di gravi e documentati motivi che ne giustifichino il ritardo, e sempre che siano pervenute entro il termine del 31 gennaio 2019. Gli Uffici scolastici regionali danno immediata comunicazione agli interessati dell'accettazione o meno della loro domanda e, in caso positivo, dell'istituto cui sono stati assegnati. Beneficiari della proroga del termine al 31 gennaio 2019, stabilito per le domande tardive dei candidati esterni, sono anche i candidati interni nelle medesime condizioni, con l'avvertenza che questi ultimi presentano domanda al Dirigente scolastico. Si precisa che il predetto termine è di natura ordinatoria e che i candidati interni hanno, comunque, titolo a sostenere gli esami, sempre che siano stati ammessi in sede di scrutinio finale, secondo le modalità di cui al precedente articolo 2.
3. Le domande dei candidati interni per abbreviazione per merito devono essere state presentate al proprio istituto entro il 31 gennaio 2019.

4. Per gli studenti che abbiano cessato la frequenza delle lezioni dell'ultima classe dopo il 31 gennaio e prima del 15 marzo, il predetto termine del 31 gennaio è differito al 20 marzo 2019.
5. Le domande di partecipazione all'esame di Stato dei candidati detenuti sono presentate al competente Ufficio scolastico regionale, per il tramite del Direttore della Casa circondariale, con il nulla osta del Direttore medesimo. L'Ufficio scolastico regionale può prendere in considerazione anche eventuali domande pervenute oltre il 30 novembre 2018. L'assegnazione dei candidati suddetti alle singole istituzioni scolastiche, nonché i successivi adempimenti sono disposti dall'Ufficio scolastico regionale.

Articolo 6
Documento del consiglio di classe

1. Ai sensi dell'art. 17, comma 1, del d.lgs. n. 62 del 2017, il consiglio di classe elabora, entro il quindici maggio di ciascun anno, un documento che esplicita i contenuti, i metodi, i mezzi, gli spazi e i tempi del percorso formativo, i criteri, gli strumenti di valutazione adottati e gli obiettivi raggiunti, nonché ogni altro elemento che lo stesso consiglio di classe ritenga utile e significativo ai fini dello svolgimento dell'esame. Il documento illustra inoltre le attività, i percorsi e i progetti svolti nell'ambito di «Cittadinanza e Costituzione», realizzati in coerenza con gli obiettivi del PTOF, e le modalità con le quali l'insegnamento di una disciplina non linguistica (DNL) in lingua straniera è stato attivato con metodologia CLIL. Nella redazione di tale documento i consigli di classe tengono conto, altresì, delle indicazioni fomite dal Garante per la protezione dei dati personali con nota del 21 marzo 2017, prot. 10719. Al documento possono essere allegati eventuali atti e certificazioni relativi alle prove effettuate e alle iniziative realizzate durante l'anno in preparazione dell'esame di Stato, ai percorsi per le competenze

trasversali e l'orientamento, previsti dal d.lgs. n. 77 del 2005, e così ridenominati dall'art. 1, co. 784, della 1. n. 145 del 2018, agli *stage* e ai tirocini eventualmente effettuati, nonché alla partecipazione studentesca ai sensi del d.P.R. n. 249 del 1998. Prima dell'elaborazione del testo definitivo del documento, i consigli di classe possono consultare, per eventuali proposte e osservazioni, la componente studentesca e quella dei genitori.

2. Per le classi articolate e per i corsi destinati a studenti provenienti da più classi, il documento del consiglio di classe è comprensivo della documentazione relativa ai gruppi componenti.

3. Il documento del consiglio di classe è immediatamente pubblicato all'albo dell'istituto. La commissione tiene conto del documento nell'espletamento dei lavori e nella predisposizione dei materiali per il colloquio, ai sensi dell'articolo 2 del d.m. n. 37 del 2019, nonché nella predisposizione della seconda parte della seconda prova da parte delle commissioni operanti presso gli istituti professionali.

4. Nella regione Lombardia, per i candidati di cui all'art. 2, comma 1, lettera *c)* della presente ordinanza, il documento del consiglio di classe fa riferimento, in particolare, ai contenuti, ai metodi, ai mezzi, agli spazi e ai tempi del percorso formativo, nonché ai criteri, agli strumenti di valutazione adottati e agli obiettivi raggiunti ai fini dell'accertamento delle conoscenze, competenze e capacità, con specifico riferimento al colloquio. Il documento viene predisposto dal consiglio della classe dell'istituto professionale al quale i candidati sono assegnati in qualità di candidati interni, sulla base della relazione documentata dell'istituzione formativa che ha erogato il corso. La struttura complessiva del documento della classe alla quale sono assegnati detti candidati si distingue in due o più sezioni, ciascuna delle quali dedicata a una delle articolazioni in cui si suddivide la classe.

5. Nelle Province autonome di Trento e Bolzano, il documento del consiglio di classe, predisposto direttamente dall'istituzione formativa, fa riferimento, in particolare, ai contenuti, ai metodi, ai mezzi, agli spazi e ai tempi del percorso formativo, nonché ai criteri, agli strumenti di valutazione adottati e agli obiettivi raggiunti ai fini dell'accertamento delle conoscenze, competenze e capacità, con specifico riferimento al colloquio.

Articolo 7
Esame preliminare dei candidati esterni

1. L'ammissione dei candidati esterni che non siano in possesso della promozione o dell'idoneità all'ultima classe è subordinata al superamento di un esame preliminare inteso ad accertare la loro preparazione sulle discipline previste dal piano di studi dell'anno o degli anni per i quali non siano in possesso della promozione o dell'idoneità alla classe successiva, nonché su quelle previste dal piano di studi dell'ultimo anno. Sostengono altresì l'esame preliminare sulle discipline previste dal piano di studi dell'ultimo anno i candidati in possesso di idoneità o di promozione all'ultimo anno, che non hanno frequentato il predetto anno ovvero che non hanno comunque titolo per essere scrutinati per l'ammissione all'esame. L'esame preliminare è sostenuto davanti al consiglio della classe dell'istituto, statale o paritario, collegata alla commissione alla quale il candidato è stato assegnato. Il candidato è ammesso all'esame di Stato se consegue un punteggio minimo di sei decimi in ciascuna delle prove cui è sottoposto. I candidati esterni, provvisti di promozione o idoneità a classi del previgente ordinamento, sono tenuti a sostenere l'esame preliminare sulle discipline del piano di studi del nuovo ordinamento relativo agli anni per i quali non sono in possesso di promozione o idoneità, nonché su quelle previste dal piano di studi dell'ultimo anno del nuovo

ordinamento. Tali candidati esterni devono comunque sostenere l'esame preliminare anche sulle discipline o parti di discipline non coincidenti con quelle del corso già seguito con riferimento sia alle classi precedenti l'ultima sia all'ultima classe.

2. I candidati in possesso dei titoli di cui all'art. 3, comma 1, lettera c) sostengono l'esame preliminare solo sulle materie e sulle conoscenze, abilità e competenze non coincidenti con quelle del corso già seguito, con riferimento sia alle classi precedenti l'ultima sia all'ultimo anno. Analogamente, i candidati in possesso di promozione o idoneità a una classe di altro corso di studio sostengono l'esame preliminare solo sulle materie e conoscenze, abilità e competenze non coincidenti con quelle del corso già seguito, con riferimento sia alle classi precedenti l'ultima sia all'ultimo anno.

3. I candidati esterni provenienti da Paesi dell'Unione europea, nonché da Paesi aderenti all'Accordo sullo Spazio economico europeo, in possesso di certificazioni valutabili ai sensi dell'art. 12 della 1. n. 29 del 2006, che non siano in possesso di promozione o idoneità all'ultima classe di un corso di studi di tipo e livello equivalente, sono ammessi a sostenere l'esame di Stato, previo superamento dell'esame preliminare sulle materie previste dal piano di studi dell'anno o degli anni per i quali non siano in possesso della promozione o dell'idoneità alla classe successiva, nonché su quelle previste dal piano di studi dell'ultimo anno.

4. I candidati non appartenenti a Paesi dell'Unione europea, che non abbiano frequentato l'ultimo anno di corso di istruzione secondaria di secondo grado in Italia o presso istituzioni scolastiche italiane all'estero, sostengono l'esame di Stato in qualità di candidati esterni, previo superamento dell'esame preliminare. Sono fatti salvi eventuali obblighi derivanti da accordi internazionali.

5. L'esame preliminare è sostenuto di norma nel mese di maggio e, comunque, non oltre il termine delle lezioni, davanti al consiglio della classe collegata alla commissione alla quale il candidato esterno è stato assegnato. Il consiglio di classe, ove necessario, è integrato dai docenti delle discipline insegnate negli anni precedenti l'ultimo.
6. Il Dirigente scolastico, sentito il collegio dei docenti, stabilisce il calendario di svolgimento dell'esame preliminare. Ferma restando la responsabilità collegiale, il consiglio di classe può svolgere l'esame preliminare operando per sottocommissioni, composte da almeno tre componenti, compreso quello che la presiede. Ai fini della determinazione delle prove da sostenere, si tiene conto anche di crediti eventualmente acquisiti e debitamente documentati. Il candidato è ammesso all'esame di Stato se consegue un punteggio minimo di sei decimi in ciascuna delle discipline per le quali sostiene la prova.
7. L'esito positivo dell'esame preliminare, anche in caso di mancato superamento dell'esame di Stato ovvero di mancata presentazione all'esame di Stato, vale come idoneità all'ultima classe del tipo di istituto di istruzione secondaria di secondo grado cui l'esame si riferisce. Al contrario, in caso di non ammissione all'esame di Stato, l'esito può valere, a giudizio del consiglio di classe o delle apposite commissioni d'esame, come idoneità a una delle classi precedenti l'ultima ovvero come idoneità all'ultima classe.

Articolo 8
Credito scolastico

1. Ai sensi dell'art. 15 del d.lgs. 62 del 2017, in sede di scrutinio finale il consiglio di classe attribuisce il punteggio per il credito maturato nel secondo biennio e nell'ultimo anno fino a un massimo di quaranta punti, di cui dodici per il terzo anno, tredici per il quarto anno e quindici per il quinto anno. Premesso che la valutazione sul comportamento concorre alla determinazione del credito scolastico, il

consiglio di classe, in sede di scrutinio finale, procede all'attribuzione del credito scolastico a ogni candidato interno, sulla base della tabella di cui all'Allegato A del d.lgs. 62 del 2017. Per i candidati che svolgono l'esame di Stato nell'anno scolastico 2018/2019, lo stesso Allegato A reca la tabella di conversione del credito conseguito nel terzo e nel quarto anno di corso e nel terzo anno di corso. In considerazione dell'incidenza che hanno le votazioni assegnate per le singole discipline sul punteggio da attribuire quale credito scolastico e, di conseguenza, sul voto finale, i docenti, ai fini dell'attribuzione dei voti, sia in corso d'anno sia nello scrutinio finale, utilizzano l'intera scala decimale di valutazione.

2. Nei corsi quadriennali, il credito scolastico è attribuito al termine del secondo, terzo e quarto anno. Nei casi di abbreviazione del corso di studi per merito, il credito scolastico è attribuito dal consiglio della penultima classe, per l'anno non frequentato, nella misura massima prevista per lo stesso, ai sensi dell'art. 15, comma 2, del d.lgs. 13 aprile 2017 n. 62.

3. In sede di scrutinio finale dell'ultimo anno, il consiglio di classe, per i candidati interni che non siano in possesso di credito scolastico per il penultimo e terzultimo anno, attribuisce il suddetto credito in base ai risultati conseguiti, a seconda dei casi, per idoneità e per promozione ovvero in base ai risultati conseguiti negli esami preliminari sostenuti negli anni scolastici decorsi quali candidati esterni agli esami di Stato, secondo le indicazioni della tabella di cui all'Allegato A al d. lgs. n. 62 del 2017. Agli studenti che frequentano l'ultima classe per effetto della dichiarazione di ammissione alla frequenza di detta classe da parte di commissione di esame di Stato, il credito scolastico è attribuito dal consiglio di classe nella misura di punti sette per la classe terza e ulteriori punti otto per la classe quarta, non frequentate. Qualora lo studente sia in possesso di idoneità o promozione alla classe quarta, per la terza classe otterrà il relativo credito acquisito in base a

idoneità o promozione, unitamente ad ulteriori punti otto per la quarta classe.
4. Nei percorsi di istruzione degli adulti di secondo livello, in sede di scrutinio finale il consiglio di classe attribuisce il punteggio per il credito scolastico di cui all'articolo 15 del d. lgs. n. 62 del 2017, maturato nel secondo e nel terzo periodo didattico fino a un massimo di quaranta punti. In particolare. per quanto riguarda il credito maturato nel secondo periodo didattico, il consiglio di classe attribuisce il punteggio - di cui alla *Tabella di conversione del credito* contenuta nell'allegato A al citato decreto - moltiplicando per due il credito scolastico attribuito a esito dello scrutinio finale del secondo periodo didattico sulla base della media dei voti assegnati, in misura comunque non superiore a venticinque punti; per quanto riguarda, invece, il credito maturato nel terzo periodo didattico, il consiglio di classe attribuisce il credito in misura non superiore a 15 punti sulla base della media dei voti assegnati, ai sensi della *Tabella attribuzione credito scolastico* contenuta nell'allegato A al citato decreto.
5. Gli eventuali percorsi per le competenze trasversali e per l'orientamento, previsti dal d.lgs. 15 aprile 2005, n. 77, e così ridenominati dall'art. 1, co. 784, della legge 30 dicembre 2018, n. 145) concorrono alla valutazione delle discipline alle quali tali percorsi afferiscono e a quella del comportamento, e contribuiscono alla definizione del credito scolastico.
6. Il punteggio attribuito quale credito scolastico a ogni studente è pubblicato all'albo dell'istituto.
7. Con riferimento ai candidati esterni, il credito scolastico è attribuito dal consiglio di classe davanti al quale sostengono l'esame preliminare, sulla base della documentazione del percorso scolastico e dei risultati delle prove preliminari, secondo quanto previsto della tabella di cui all'Allegato A al d. lgs. n. 62 del 2017. L'attribuzione del credito deve essere deliberata, motivata e verbalizzata. Per i candidati esterni che, a seguito di esami di maturità o di Stato, siano stati ammessi o dichiarati idonei all'ultima classe, il credito scolastico è

attribuito dal consiglio di classe davanti al quale sostengono l'esame preliminare, nella misura di punti otto per il penultimo anno e, qualora non in possesso di promozione o idoneità alla penultima classe, di ulteriori sette punti per il terzultimo anno, e per l'ultima classe sulla base dei risultati delle prove preliminari. Per i candidati esterni in possesso di promozione o idoneità all'ultima classe del corso di studi, il credito scolastico relativo al penultimo e al terzultimo anno è il credito già maturato, opportunamente convertito adoperando le tabelle di cui all'Allegato A al d. lgs. n. 62 del 2017. Il punteggio attribuito quale credito scolastico è pubblicato all'albo dell'istituto sede d'esame.

8. I docenti di religione cattolica partecipano a pieno titolo alle deliberazioni del consiglio di classe concernenti l'attribuzione, nell'ambito della fascia, del credito scolastico agli studenti che si avvalgono di tale insegnamento. Analogamente, partecipano a pieno titolo alle deliberazioni del consiglio di classe, concernenti l'attribuzione del credito scolastico, nell'ambito della fascia di credito, i docenti delle attività didattiche e formative alternative all'insegnamento della religione cattolica.

9. Il consiglio di classe tiene conto, altresì, degli elementi conoscitivi preventivamente forniti da eventuali docenti esperti e/o tutor, di cui si avvale la scuola per le attività di ampliamento e potenziamento dell'offerta formativa.

10. Nella Regione Lombardia, l'attribuzione del credito scolastico ai candidati di cui al precedente articolo 2, comma 1, lettera c), ammessi all'esame di Stato, viene effettuata in sede di scrutinio finale dal consiglio della classe dell'istituto professionale al quale gli studenti sono stati assegnati in qualità di candidati interni. Il credito scolastico, calcolato secondo i parametri previsti dalla tabella di cui all'Allegato A al d. lgs. n. 62 del 2017, viene attribuito per la classe terza in base al punteggio del titolo di *Qualifica,* per la classe quarta in base al punteggio del titolo di *Diploma professionale,* per la classe quinta in base alla

media dei voti riportati in sede di scrutinio finale in ciascuna disciplina o gruppo di discipline insegnate nel corso annuale, in coerenza con le Linee guida adottate con d.m. n. 4 del 2011, e sulla base della relazione documentata dell'istituzione formativa che ha erogato il corso.

11. Nelle Province autonome di Trento e Bolzano, il credito scolastico viene attribuito secondo le modalità di cui al Protocollo d'intesa tra il MIUR e le Province autonome di Trento e Bolzano, nel rispetto dei parametri della tabella di cui all'Allegato A al d. lgs. n. 62 del 2017. Il consiglio di classe dell'istituzione formativa delibera in merito all'ammissione degli studenti all'esame di Stato e attribuisce agli stessi il credito scolastico tenendo conto, in particolare, dei risultati dell'esame di qualifica professionale, dei risultati dell'esame di diploma professionale e dei risultati di apprendimento del corso annuale. In particolare, ai fini dell'attribuzione allo studente del credito scolastico si applicano le seguenti modalità:
- ove necessario, i voti di qualifica e di diploma sono trasformati in decimi. I valori ottenuti sono convertiti in credito scolastico secondo la tabella di cui all'Allegato A al d. lgs. n. 62 del 2017, relativa ai criteri per l'attribuzione del credito scolastico;
-i punti della fascia di credito del terzo anno dei percorsi di istruzione secondaria di secondo grado sono riferiti al voto dell'esame di qualifica;
-i punti della fascia di credito del quarto anno dei percorsi di istruzione secondaria di secondo grado sono riferiti al voto del diploma professionale di IeFP del quarto anno;
-i punti della fascia di credito del quinto anno sono riferiti alla media dei voti del corso annuale per l'esame di Stato.

Articolo 9
Commissioni d'esame

1. Relativamente alle modalità e ai termini per l'affidamento delle discipline oggetto dell'esame di Stato ai commissari

esterni e ai criteri e modalità di nomina, designazione e sostituzione dei componenti le commissioni dell'esame di Stato, valgono le disposizioni del decreto ministeriale di cui all'art. 16, comma 4, del d. lgs. 62 del 2017.

2. Nei licei musicali e coreutici, ai fini dello svolgimento della seconda prova, con riguardo rispettivamente alla parte relativa allo strumento nel liceo musicale e alla parte relativa alla esibizione individuale nel liceo coreutico, la commissione si avvale di personale esperto, anche utilizzando docenti della scuola stessa. Le nomine degli esperti vengono effettuate dal presidente della commissione in sede di riunione plenaria, affisse all'albo della scuola e comunicate al competente Ufficio scolastico regionale.

3. Nella Regione Lombardia, nelle commissioni di esame presso gli istituti professionali statali cui sono assegnati, in qualità di candidati interni, gli studenti di cui al precedente art. 2, comma 1, lettera c), i docenti dell'istituzione formativa che ha erogato il corso, in numero non superiore a tre, su designazione formale della medesima istituzione formativa, possono essere presenti alle operazioni d'esame in qualità di osservatori, senza poteri di intervento in alcuna fase dell'esame e senza che ciò comporti nuovi o maggiori oneri a carico del bilancio dello Stato. I commissari interni designati dal consiglio di classe di "associazione" dell'istituto professionale operano anche per tale gruppo di candidati.

4. Nelle Province autonome di Trento e Bolzano, le commissioni di esame di Stato relative al corso annuale, di cui al precedente articolo 2, comma 1, lettera d), sono nominate dalle medesime Province autonome, secondo le modalità previste dalle specifiche norme di attuazione dello Statuto in materia di esame di Stato e dei criteri individuati nel protocollo di intesa.

Articolo 10
Sostituzione dei componenti le commissioni

1. La partecipazione ai lavori delle commissioni dell'esame di Stato da parte del presidente e dei commissari rientra tra gli obblighi inerenti lo svolgimento delle funzioni proprie dei dirigenti scolastici e del personale docente della scuola.
2. Non è consentito ai componenti le commissioni di rifiutare l'incarico o di lasciarlo, salvo nei casi di legittimo impedimento per motivi che devono essere documentati e accertati.
3. Le sostituzioni di componenti le commissioni, che si rendano necessarie per assicurare la piena operatività delle commissioni stesse sin dall'insediamento e dalla riunione preliminare, sono disposte dal Dirigente preposto all'Ufficio scolastico regionale.
4. Il personale utilizzabile per le sostituzioni, con esclusione del personale con rapporto di lavoro di supplenza breve e saltuaria, deve rimanere a disposizione della scuola di servizio fino al 30 giugno 2019, assicurando, comunque, la presenza in servizio nei giorni delle prove scritte.
5. Nei casi di assenza successivamente all'espletamento delle prove scritte, il commissario assente deve essere tempestivamente sostituito per la restante durata delle operazioni d'esame.
6. Relativamente alla correzione delle prove scritte, in caso di assenza temporanea (intesa quale assenza la cui durata non sia superiore a un giorno) di uno dei commissari, si rende possibile il proseguimento delle operazioni d'esame, sempreché sia assicurata la presenza in commissione del presidente o del suo sostituto e almeno dei commissari della prima e della seconda prova scritta e, nel caso di organizzazione della correzione per aree disciplinari, la presenza di almeno due commissari per area.
7. Durante l'espletamento del colloquio, nell'ipotesi di assenza temporanea (intesa quale assenza la cui durata non sia superiore a un giorno) dei commissari, devono essere interrotte tutte le operazioni d'esame relative allo stesso. Il

colloquio deve svolgersi, infatti, in un'unica soluzione temporale alla presenza dell'intera commissione, che procede all'attribuzione del relativo punteggio nello stesso giorno nel quale viene effettuato.
8. Qualora si assenti il presidente, sempre per un tempo non superiore ad un giorno, possono effettuarsi le operazioni che non richiedono la presenza dell'intera commissione. In luogo del presidente, deve essere presente in commissione il suo sostituto.
9. L'assenza temporanea dei componenti la commissione deve riferirsi a casi di legittimo impedimento debitamente documentati e rigorosamente accertati.

Articolo 11
Riunione plenaria *e* ***diario delle operazioni***

1. Il presidente e i commissari esterni delle due classi abbinate, unitamente ai membri interni di ciascuna delle due classi, si riuniscono in seduta plenaria presso l'istituto di assegnazione il **17 giugno 2019 alle ore 8:30.**
2. Il presidente, o, in sua assenza, il componente più anziano di età, dopo aver verificato la composizione delle commissioni e la presenza dei commissari, comunica i nominativi dei componenti eventualmente assenti all'Ufficio scolastico regionale, se l'assenza riguarda il presidente e i commissari esterni, ovvero al Dirigente scolastico, se l'assenza riguarda un commissario interno. Nella riunione plenaria il presidente, sentiti i componenti di ciascuna commissione, fissa i tempi e le modalità di effettuazione delle riunioni preliminari delle singole commissioni.
3. Il presidente, durante la riunione plenaria o in una successiva, appositamente convocata, sentiti i componenti di ciascuna commissione, individua e definisce gli aspetti organizzativi delle attività delle commissioni determinando, in particolare, la data di inizio dei colloqui per ciascuna classe/commissione e, in base a sorteggio, l'ordine di precedenza tra le due classi/commissioni e, all'interno di

ciascuna di esse, quello di precedenza tra candidati esterni e interni, nonché quello di convocazione dei candidati medesimi secondo la lettera alfabetica. Il numero dei candidati che sostengono il colloquio, per ogni giorno, non può essere di norma superiore a cinque. Del diario dei colloqui il Presidente della commissione dà notizia mediante affissione all'albo dell'istituto sede di esame. E', altresì, determinato l'ordine di successione tra le due classi/commissioni per le operazioni, da realizzarsi disgiuntamente, di valutazione degli elaborati e di valutazione finale, nonché la data di pubblicazione dei risultati. Al fine di evitare sovrapposizioni e interferenze, i presidenti delle commissioni che abbiano in comune uno o più commissari interni concordano le date di inizio dei colloqui senza procedere a sorteggio della classe. Nel caso di commissioni articolate su diversi indirizzi di studio o nelle quali vi siano gruppi di studenti che seguono discipline diverse o, in particolare, lingue straniere diverse, aventi commissari interni che operano separatamente, il presidente avrà cura di fissare il calendario dei lavori in modo da determinare l'ordine di successione tra i diversi gruppi della classe per le operazioni di correzione e valutazione degli elaborati, conduzione dei colloqui e valutazione finale. Il presidente determina il calendario definitivo delle operazioni delle due commissioni abbinate, anche dopo opportuni accordi operativi con i presidenti delle commissioni di cui eventualmente facciano parte, quali commissari interni, i medesimi docenti.

4. Nelle commissioni cui sono assegnati candidati che hanno frequentato corsi d'istruzione in ospedale o in luoghi di cura per una durata prevalente rispetto a quella nella classe di appartenenza, e che, ricoverati nel periodo di svolgimento degli esami conclusivi, devono sostenere in ospedale tutte le prove o alcune di esse, ai sensi dell'art. 22 del d.lgs. n.62 del 2017, il presidente organizza la riunione plenaria con la presenza anche dei docenti che hanno impartito gli insegnamenti nei corsi stessi e che siano stati nominati commissari nelle commissioni stesse. La stessa modalità si

applica per le commissioni cui sono assegnati candidati all'esame di Stato, provenienti da istruzione domiciliare e che, nel periodo di svolgimento degli esami, siano impossibilitati a lasciare il domicilio per le cure di lungo periodo a cui sono sottoposti.

Articolo 12
Riunione territoriale di coordinamento

1. Al fine di fornire opportune indicazioni, chiarimenti e orientamenti per la regolare funzionalità delle commissioni e, in particolare, per garantire uniformità di criteri operativi e di valutazione, il Dirigente preposto all'Ufficio scolastico regionale convoca, in apposite riunioni, i presidenti delle medesime commissioni unitamente ai Dirigenti tecnici incaricati della vigilanza sull'esame di Stato. La partecipazione a tali riunioni costituisce obbligo di servizio per i presidenti delle commissioni.

Articolo 13
Calendario delle prove

1. Il calendario delle prove d'esame, per l'anno scolastico **2018/2019,** è il seguente:
- **prima prova scritta: mercoledì 19 giugno 2019, dalle ore 8:30 (durata della prova: sei ore);**
- **seconda prova in forma scritta, grafica o scritto-grafica, pratica, compositivo/esecutiva, musicale e coreutica: giovedì 20 giugno 2019, dalle ore 8:30.** La durata della seconda prova è prevista nei quadri di riferimento allegati al d.m. n.769 del 2018;
- **terza prova scritta: martedì 25 giugno 2019 dalle ore 8:30.** Tale prova si effettua negli istituti presso i quali sono presenti i percorsi EsaBac ed EsaBac *techno* e nei licei con sezioni ad opzione internazionale cinese, spagnola e tedesca.

2. **La prima prova scritta suppletiva** si svolge **mercoledì 3 luglio 2019, dalle ore 8:30; la seconda prova scritta**

suppletiva si svolge **giovedì 4 luglio 2019, dalle ore 8:30,** con eventuale prosecuzione nei giorni successivi per gli indirizzi nei quali detta prova si svolge in più giorni; la terza prova scritta suppletiva, per gli istituti interessati, si svolge martedì 9 luglio 2019, dalle ore 8:30. Le prove, nei casi previsti, proseguono nei giorni successivi, a eccezione del sabato; in tal caso, le stesse continuano il lunedì successivo.

3. L'eventuale ripresa dei colloqui, per le commissioni che li abbiano interrotti perché impegnate nelle prove suppletive, avviene il giorno successivo al termine delle prove scritte suppletive. Qualora tra due prove suppletive il giorno intermedio sia sabato, solo se non vi siano motivi ostativi, in tale giorno le commissioni riprendono i colloqui interrotti per l'espletamento della prova scritta suppletiva.

4. Le operazioni finalizzate alla valutazione finale e alla elaborazione dei relativi atti iniziano subito dopo la conclusione dei colloqui di ciascuna classe/commissione.

5. Il presidente della commissione adotta le necessarie misure organizzative per quanto non previsto.

Articolo 14
Riunione preliminare

1. Per garantire la funzionalità della commissione stessa in tutto l'arco dei lavori, il presidente può delegare un proprio sostituto scelto tra i commissari, esterni o interni. Il sostituto è unico per le due classi/commissione, tranne casi di necessità che il presidente dovrà motivare.

2. Il presidente sceglie un commissario, interno o esterno, quale segretario di ciascuna classe/commissione, il quale ha, in particolare, compiti di verbalizzazione dei lavori collegiali. Il verbale della riunione plenaria congiunta delle due classi/commissione verrà riportato nella verbalizzazione di entrambe le classi/commissione abbinate.

3. Tutti i componenti la commissione dichiarano per iscritto se abbiano istruito privatamente candidati

assegnati alla commissione stessa. Tale dichiarazione è obbligatoria anche se negativa: un componente la commissione d'esame che abbia istruito privatamente uno o più candidati assegnati alla propria commissione deve essere immediatamente sostituito per incompatibilità dal competente Ufficio scolastico regionale.

4. Tutti i componenti della commissione dichiarano per iscritto l'assenza di rapporti di parentela e di affinità entro il quarto grado ovvero di coniugio con i candidati che essi dovranno esaminare. Qualora il presidente accerti che tra i componenti sono presenti docenti legati con i candidati da vincolo matrimoniale, di parentela o affinità entro il quarto grado, lo rappresenta all'Ufficio scolastico regionale competente, il quale provvede alla necessaria sostituzione. Il Dirigente preposto all'Ufficio scolastico regionale provvede in modo analogo nei confronti dei presidenti che si trovino nella stessa situazione. I presidenti e i commissari nominati in sostituzione di personale impedito a espletare l'incarico rilasciano, anche se negative, le dichiarazioni di non aver impartito lezioni private e di non avere rapporti di parentela e di affinità entro il quarto grado né di coniugio con i candidati che essi esamineranno. Si sottolinea la particolare importanza del regime di incompatibilità dei componenti la commissione, anche alla luce delle disposizioni normative di prevenzione e di contrasto della corruzione e di prevenzione dei conflitti di interessi, con particolare riferimento al codice di comportamento dei dipendenti pubblici. A tal fine, si sottolinea la necessità di evitare, salvo nei casi debitamente motivati in cui ciò non sia possibile, la nomina dei commissari interni in situazioni di incompatibilità, con riguardo all'assenza di rapporti di parentela e di affinità entro il quarto grado ovvero di rapporto di coniugio con i candidati che essi esamineranno.

5. Nella seduta preliminare ed eventualmente anche in quelle successive, la classe/commissione prende in esame gli atti e i documenti relativi ai candidati interni, nonché la documentazione presentata dagli altri candidati. In particolare esamina:

a) elenco dei candidati e documentazione relativa al percorso scolastico degli stessi al fine dello svolgimento del colloquio, ai sensi dell'art.17, co. 9, del d.lgs n.62 del 2017;

b) domande di ammissione all'esame dei candidati esterni e di quelli interni che chiedono di usufruire dell'abbreviazione per merito, con allegati i documenti dai quali sia possibile rilevare tutti gli elementi utili ai fini dello svolgimento dell'esame;

c) copia dei verbali delle operazioni di cui al precedente articolo 8, relative all'attribuzione e alla motivazione del credito scolastico;

d) per gli studenti che chiedono di usufruire dell'abbreviazione del corso di studi per merito, attestazioni concernenti gli esiti degli scrutini finali della penultima classe e dei due anni antecedenti la penultima, recanti i voti assegnati alle singole discipline, nonché attestazione in cui si indichi l'assenza di giudizi di non ammissione alla classe successiva nei due anni predetti e l'indicazione del credito scolastico attribuito;

e) per i candidati esterni, l'esito dell'esame preliminare e l'indicazione del credito scolastico attribuito;

f) documento del consiglio di classe, compresa la documentazione consegnata dall'istituzione formativa che ha erogato il corso per i candidati ammessi all'esame di Stato nella Regione Lombardia, di cui al precedente articolo 2, comma 1, lettera c), e la documentazione per il corso annuale nelle Province autonome di Trento e Bolzano di cui al precedente articolo 2, comma 1, lettera d);

g) documento del consiglio di classe nella parte relativa ai candidati con disabilità ai fini degli adempimenti di cui al successivo art. 20, in particolare individuando gli studenti con disabilità che sostengono l'esame con le prove differenziate ai

sensi dell'art. 20 del d. lgs. n. 62 del 2017;
h) eventuale documentazione relativa ai candidati con disturbi specifici di apprendimento (DSA) o con bisogni educativi speciali (BES);
i) per le classi sperimentali, relazione informativa sulle attività svolte con riferimento ai singoli indirizzi di studio e al relativo progetto di sperimentazione.
6. Il presidente della commissione, qualora rilevi irregolarità insanabili in sede di esame della documentazione relativa a ciascun candidato, provvede a dame tempestiva comunicazione al Ministero, cui compete l'adozione dei relativi provvedimenti. In tal caso, i candidati sostengono le prove d'esame con riserva.
7. Il presidente della commissione, qualora, in sede di esame della documentazione relativa a ciascun candidato, rilevi irregolarità sanabili da parte dell'istituto sede d'esame, invita il dirigente scolastico a provvedere tempestivamente in merito, eventualmente tramite convocazione dei consigli di classe. Qualora il presidente della commissione, in sede di esame della documentazione relativa a ciascun candidato, rilevi irregolarità sanabili da parte del candidato, invita quest'ultimo a regolarizzare detta documentazione, fissando contestualmente il termine di adempimento.
8. Nell'ambito delle operazioni preliminari, la commissione dedica un'apposita sessione alla predisposizione dei materiali per lo svolgimento del colloquio.
9. In sede di riunione preliminare, o in riunioni successive, la commissione definisce i criteri di correzione e valutazione delle prove scritte, nel rispetto delle griglie di valutazione per la prima e la seconda prova scritta previste dal d.m. n.769 del 2018, declinando gli indicatori in descrittori di livello.
10. Nella stessa riunione, o in riunioni successive, la commissione definisce, altresì, i criteri di conduzione e di valutazione nonché le modalità di svolgimento del colloquio, tenendo presente quanto stabilito dal successivo art. 19.
11. Nella stessa riunione, o in riunioni successive, la

commissione determina i criteri per l'eventuale attribuzione del punteggio integrativo, fino a un massimo di cinque punti, per i candidati che abbiano conseguito un credito scolastico di almeno trenta punti e un risultato complessivo nelle prove di esame pari almeno a cinquanta punti, nonché i criteri per l'attribuzione della lode.

12. Tutte le relative deliberazioni sono debitamente motivate e verbalizzate.

Articolo 15
Plichi per la prima e la seconda prova scritta

1. Gli Uffici scolastici regionali confermano alla Struttura tecnica esami di Stato di questo Ministero i dati relativi al fabbisogno dei plichi contenenti i testi della prima e della seconda prova scritta dell'esame di Stato (e della eventuale terza prova scritta), ivi compresi quelli occorrenti in formato speciale. Tali dati saranno forniti dal sistema informativo del Ministero a mezzo di apposite stampe centrali, rilasciate almeno trenta giorni prima della data di inizio delle prove di esame.

2. La predetta conferma o la comunicazione di eventuali discordanze deve essere resa nota, da parte degli Uffici scolastici regionali, alla Struttura tecnica esami di Stato di questo Ministero entro i successivi cinque giorni dal rilascio delle suddette stampe centrali. I Dirigenti preposti agli Uffici scolastici regionali forniranno contestualmente congrua motivazione in caso di discordanza tra i dati comunicati dal sistema informativo e il reale fabbisogno dei plichi.

3. I plichi occorrenti per la prima, seconda ed eventuale terza prova scritta suppletiva debbono essere richiesti dagli Uffici scolastici regionali alla Struttura tecnica esami di Stato di questo Ministero almeno dieci giorni prima della data di inizio delle prove stesse. Le predette richieste vanno formulate sulla base delle notizie e dei dati che i presidenti trasmettono entro la mattina successiva allo svolgimento della seconda prova scritta. Le suddette

richieste contengono esatte indicazioni sul corso di studi, sulle sedi, sulle commissioni e sul numero dei candidati interessati.
4. L'invio dei plichi delle prove scritte avviene per via telematica.

Articolo 16
Prima prova scritta

1. Ai sensi dell'art. 17, co. 3, del d.lgs. 62 del 2017, la prima prova scritta accerta la padronanza della lingua italiana o della diversa lingua nella quale si svolge l'insegnamento, nonché le capacità espressive, logico-linguistiche e critiche del candidato. Essa consiste nella redazione di un elaborato con differenti tipologie testuali in ambito artistico, letterario, filosofico, scientifico, storico, sociale, economico e tecnologico. La prova può essere strutturata in più parti, anche per consentire la verifica di competenze diverse, in particolare della comprensione degli aspetti linguistici, espressivi e logico-argomentativi, oltre che della riflessione critica da parte del candidato. Le tracce sono elaborate nel rispetto del quadro di riferimento allegato al d.m. n. 769 del 2018.

Articolo 17
Seconda prova scritta

1. Ai sensi dell'art.17, co. 4, del d. lgs n. 62 del 2017, la seconda prova si svolge in forma scritta, grafica o scritto-grafica, pratica, compositivo/esecutiva musicale e coreutica, ha per oggetto una o più discipline caratterizzanti il corso di studio ed è intesa ad accertare le conoscenze, le abilità e le competenze attese dal profilo educativo culturale e professionale dello studente dello specifico indirizzo. Le tracce sono elaborate nel rispetto dei quadri di riferimento allegati al d.m. n.769 del 2018.
2. Per l'anno scolastico 2018/2019, le discipline oggetto della seconda prova scritta nell'ambito dell'esame di Stato

conclusivo del secondo ciclo di istruzione sono individuate dal d.m. n. 37 del 2019.

3. Secondo quanto disposto dall'art.17, co. 8, del d. lgs. 62 del 2017, nei percorsi dell'istruzione professionale, la seconda prova ha carattere pratico ed è tesa ad accertare le competenze professionali acquisite dal candidato. Pertanto, negli istituti professionali, in coerenza con quanto previsto dai quadri di riferimento di cui al d.m. 769 del 2018, le commissioni:

- predispongono la seconda parte della seconda prova tenendo conto del piano dell'offerta formativa della scuola;
- in sede di riunione preliminare definiscono le modalità organizzative per lo svolgimento della prova, che può essere svolta lo stesso giorno o il giorno successivo tenendo conto della specificità dell' indirizzo e della disponibilità di attrezzature e laboratori. Le modalità organizzative e gli orari di svolgimento sono immediatamente comunicati alla scuola e ai candidati il giorno della prima prova;
- il giorno stabilito per lo svolgimento della seconda parte della seconda prova, elaborano il testo della parte di loro competenza tenendo in debito conto i contenuti e la tipologia della parte nazionale della traccia.

4. Nelle Province autonome di Trento e di Bolzano, per i corsi annuali, di cui all'art. 2, comma 1, lettera d), le commissioni:

- predispongono la seconda parte della seconda prova tenendo conto dei risultati di apprendimento specifici e caratterizzanti i piani di studio del corso annuale;
- in sede di riunione preliminare definiscono le modalità organizzative per lo svolgimento della prova, che può essere svolta in uno o due giorni; le modalità organizzative e gli orari di svolgimento sono comunicati ai candidati il giorno della prima prova;
- elaborano il testo della parte di loro competenza tenendo in debito conto i contenuti e la tipologia della prima parte della traccia.

5. Nei percorsi di secondo livello di istruzione professionale la

commissione d'esame tiene conto, altresì, del percorso di studio personalizzato (PSP) formalizzato nel patto formativo individuale (PFI), privilegiando tipologie funzionali alla specificità dell'utenza.
6. Nei licei coreutici, al fine di consentire all'intera commissione di assistere alle esibizioni collettive della sezione di danza classica e della sezione di danza contemporanea, si procede prima alla esibizione collettiva della sezione di danza classica e dopo due ore alla esibizione collettiva della sezione di danza contemporanea. I candidati che hanno effettuato l'esibizione collettiva di danza classica procedono subito dopo, sotto adeguata vigilanza, alla stesura della relazione accompagnatoria e, analogamente, i candidati della sezione di danza contemporanea.
7. Nei licei musicali e coreutici, qualora necessario, al fine di assicurare il regolare svolgimento dell'esame, con decisione motivata del presidente, la seconda parte della seconda prova può svolgersi in due o più giorni con convocazioni differite dei candidati per tipologia di strumento nei licei musicali e per tipologia di danza nei licei coreutici. Negli stessi licei musicali inoltre, per lo svolgimento della seconda prova d'esame, il candidato deve potersi avvalere di idonee dotazioni strumentali (quali, a esempio, *computer,* tastiera, cuffie, riproduttori di file audio, *software* dedicati). Nei licei musicali, per lo svolgimento della seconda parte della prova d'esame (prova di strumento), il candidato si può avvalere di un accompagnamento alla sua *performance,* qualora la stessa non sia individuale. L'accompagnamento strumentale alla prova può essere effettuato solo ed esclusivamente da personale docente in servizio nel liceo musicale e indicato nel documento del consiglio di classe. Nei licei coreutici, per lo svolgimento della seconda parte della prova d'esame (esecuzione individuale) non è consentita l'esecuzione di passi a due/duetti, essendo già stata offerta al candidato la possibilità di esibirsi in una *performance* collettiva nella prima parte della seconda prova.

8. Negli istituti che mettono a disposizione delle commissioni e dei candidati i materiali e le necessarie attrezzature informatiche e laboratoriali (con esclusione di *internet),* è possibile effettuare la prova progettuale (per esempio, di Progettazione, costruzioni e impianti e di analoghe discipline) avvalendosi del CAD. È opportuno che tutti i candidati della stessa classe eseguano la prova secondo le medesime modalità operative.
9. Ai fini dello svolgimento della seconda prova scritta è consentito l'uso delle calcolatrici scientifiche e/o grafiche elencate in allegato alla nota del MIUR - Direzione generale per gli ordinamenti scolastici e la valutazione del s.n.i. 30 marzo 2018, n.5641, aggiornata con nota del MIUR - Direzione generale per gli ordinamenti scolastici e la valutazione del s.n.i. 17 ottobre 2018, n. 17905. Per consentire alla commissione d'esame il controllo dei dispositivi in uso, i candidati che intendono avvalersi della calcolatrice devono consegnarla alla commissione in occasione dello svolgimento della prima prova scritta.
10. Al fine dello svolgimento della seconda prova nei licei linguistici, le istituzioni scolastiche interessate indicano chiaramente, nel modello utilizzato per la configurazione delle commissioni, quali sono la *Lingua e cultura straniera I* e la *Lingua e cultura straniera 3* dei rispettivi piani di studio, oggetto di tale prova in base al d.m. n. 37 del 2019.
11. Negli istituti con sezioni a opzione internazionale cinese, spagnola e tedesca, ciascuna di tali lingue deve essere considerata come *Lingua e cultura straniera 2* dei rispettivi piani di studio. Parimenti, negli istituti con i percorsi EsaBac ed EsaBac *techno,* la lingua francese deve essere considerata come *Lingua e cultura straniera 2* dei rispettivi piani di studio.

Articolo 18
Correzione e valutazione delle prove scritte

1. La commissione è tenuta a iniziare la correzione e

valutazione delle prove scritte al termine della seconda prova scritta, dedicando un numero di giorni congruo rispetto al numero dei candidati da esaminare.

2. La commissione dispone di un massimo di venti punti per la valutazione di ciascuna prova scritta, per un totale di quaranta punti.

3. Le operazioni di correzione delle prove scritte si concludono con la formulazione di una proposta di punteggio in numeri interi relativa alle singole prove di ciascun candidato. I punteggi sono attribuiti dall'intera commissione a maggioranza assoluta. Se sono proposti più di due punteggi e non sia stata raggiunta la maggioranza assoluta, **il** presidente mette ai voti i punteggi proposti, a partire dal più alto. Ove su nessuna delle proposte si raggiunga la maggioranza, il presidente attribuisce al candidato il punteggio risultante dalla media aritmetica dei punti proposti e procede all'eventuale arrotondamento al numero intero più approssimato. In considerazione dell'incidenza che hanno i punteggi assegnati alle singole prove scritte e al colloquio sul voto finale, i componenti le commissioni utilizzano l'intera scala dei punteggi prevista.

4. Di tali operazioni è dato dettagliato e motivato conto nel verbale. Non è ammessa l'astensione dal giudizio da parte dei singoli componenti.

5. Il punteggio attribuito a ciascuna prova scritta è pubblicato per tutti i candidati, ivi compresi i candidati con DSA che abbiano sostenuto prove orali sostitutive delle prove scritte in lingua straniera e i candidati con disabilità che abbiano sostenuto gli esami con prove relative al percorso didattico differenziato, nell'albo dell'istituto sede della commissione d'esame almeno due giorni prima della data fissata per l'inizio dello svolgimento dei colloqui. Vanno esclusi dal computo le domeniche e i giorni festivi intermedi.

6. Ai sensi dell'art.16, co. 6, del d. lgs. n. 62 del 2017, le commissioni possono procedere alla correzione delle

prove scritte operando per aree disciplinari, come previsto dal d.m. 29 maggio 2015, n. 319, relativo alla *"Costituzione delle aree disciplinari finalizzate alla correzione delle prove scritte negli esami di Stato conclusivi dei corsi di studio di istruzione secondaria di secondo grado"*.

Articolo 19
Colloquio

1. Il colloquio è disciplinato dall'art. 17, co. 9, del d.lgs. n. 62 del 2017 e ha la finalità di accertare il conseguimento del profilo culturale, educativo e professionale dello studente. A tal fine, la commissione propone al candidato, secondo le modalità specificate di seguito, di analizzare testi, documenti, esperienze, progetti e problemi per verificare l'acquisizione dei contenuti e dei metodi propri delle singole discipline, nonché la capacità di utilizzare le conoscenze acquisite e metterle in relazione per argomentare in maniera critica e personale, utilizzando anche la lingua straniera. Nell'ambito del colloquio, il candidato interno espone, inoltre, mediante una breve relazione e/o un elaborato multimediale, le esperienze svolte nell'ambito dei percorsi per le competenze trasversali e per l'orientamento, previsti dal d.lgs. n. 77 del 2005, e così ridenominati dall'art. 1, co. 784, della 1. 30 dicembre 2018, n. 145. Nella relazione e/o nell'elaborato, il candidato, oltre a illustrare natura e caratteristiche delle attività svolte e a correlarle alle competenze specifiche e trasversali acquisite, sviluppa una riflessione in un'ottica orientativa sulla significatività e sulla ricaduta di tali attività sulle opportunità di studio e/o di lavoro post-diploma. Per il candidato esterno, la commissione tiene conto anche degli eventuali percorsi per le competenze trasversali e per l'orientamento o ad essi assimilabili, che il candidato può esporre attraverso una breve relazione e/o un elaborato multimediale. Parte del colloquio è inoltre dedicata alle attività, ai percorsi e ai progetti svolti nell'ambito di

«Cittadinanza e Costituzione», inseriti nel percorso scolastico secondo quanto previsto all'art. 1 del d.l. n. 137 del 2008, convertito con modificazioni dalla 1. n. 169 del 2008, illustrati nel documento del consiglio di classe e realizzati in coerenza con gli obiettivi del PTOF.

2. Il colloquio prende avvio dai materiali di cui al comma 1, secondo periodo, scelti dalla commissione, attinenti alle Indicazioni nazionali per i licei e alle Linee guida per gli istituti tecnici e professionali, in un'unica soluzione temporale e alla presenza dell'intera commissione. La commissione cura l'equilibrata articolazione e durata delle fasi del colloquio e il coinvolgimento delle diverse discipline, evitando però una rigida distinzione tra le stesse. Si precisa che i materiali costituiscono solo spunto di avvio del colloquio, che si sviluppa in una più ampia e distesa trattazione di carattere pluridisciplinare che possa esplicitare al meglio il conseguimento del profilo educativo, culturale e professionale dello studente. Affinché il coinvolgimento sia quanto più possibile ampio, i commissari interni ed esterni conducono l'esame in tutte le discipline per le quali hanno titolo secondo la normativa vigente, anche relativamente alla discussione degli elaborati relativi alle prove scritte.

3. La scelta da parte della commissione dei materiali di cui al comma 1, secondo periodo, da proporre al candidato ha l'obiettivo di favorire la trattazione dei nodi concettuali caratterizzanti le diverse discipline. Nella predisposizione degli stessi materiali, da cui si sviluppa il colloquio, la commissione tiene conto del percorso didattico effettivamente svolto, in coerenza con il documento di ciascun consiglio di classe, al fine di considerare le metodologie adottate, i progetti e le esperienze svolte, sempre nel rispetto delle Indicazioni nazionali e delle Linee guida.

4. Per quanto concerne le conoscenze e le competenze della disciplina non linguistica (DNL), veicolata in lingua

straniera attraverso la metodologia CLIL, il colloquio può accertarle in lingua straniera qualora il docente della disciplina coinvolta faccia parte della commissione di esame in qualità di membro interno.

5. La commissione d'esame dedica un'apposita sessione alla preparazione del colloquio. Al fine di garantire trasparenza e pari opportunità per tutti i candidati, la commissione predispone per ogni classe, in coerenza con il documento del consiglio di classe, un numero di buste, contenenti i materiali di cui al comma 1, secondo periodo, pari al numero dei candidati, aumentato almeno di due unità, così da assicurare che anche l'ultimo candidato possa esercitare la scelta di cui al quinto periodo. Il presidente della commissione cura che le buste garantiscano la riservatezza del materiale ivi contenuto e che le stesse siano adeguatamente custodite. Il giorno del colloquio, il presidente, alla presenza del candidato, prende tre buste e le sottopone allo stesso. Il candidato sceglie una delle buste della tema. I materiali delle buste scelte dai candidati non possono essere riproposti in successivi colloqui. Alla fine di ogni sessione, il presidente assicura la conservazione e l'integrità delle buste ancora chiuse contenenti i materiali di cui al comma 1, secondo periodo.

6. Nei percorsi di secondo livello dell'istruzione per adulti, il colloquio si svolge secondo le modalità sopra richiamate, con le seguenti precisazioni: 1) i candidati, il cui percorso di studio personalizzato (PSP), definito nell'ambito del patto formativo individuale (PFI), prevede, nel terzo periodo didattico, l'esonero dalla frequenza di unità di apprendimento (UDA) riconducibili a intere discipline, possono - a richiesta - essere esonerati dall'esame su tali discipline nell'ambito del colloquio. Nel colloquio, pertanto, la commissione propone al candidato, secondo le modalità specificate nei commi precedenti, di analizzare testi, documenti, esperienze, progetti e problemi per verificare l'acquisizione dei contenuti e dei metodi propri delle singole

discipline previste dal suddetto percorso di studio personalizzato; 2) per i candidati che non hanno svolto i percorsi per le competenze trasversali e l'orientamento, la parte del colloquio a essi dedicata è condotta in modo da valorizzare il patrimonio culturale della persona a partire dalla sua storia professionale e individuale, quale emerge dal patto formativo individuale e da favorire una rilettura biografica del percorso anche nella prospettiva dell'apprendimento permanente. A tal riguardo, il colloquio può riguardare la discussione di un progetto di vita e di lavoro elaborato dall'adulto nel corso dell'anno.

7. Per le Province autonome di Trento e di Bolzano, relativamente ai corsi annuali, di cui all'art. 2, comma 1, lettera d), nell'ambito del colloquio il candidato espone, eventualmente anche in forma di elaborato multimediale, il progetto di lavoro *(project-work)* individuato e sviluppato durante il corso annuale, evidenziandone i risultati rispetto alle competenze tecnico-professionali di riferimento del corso annuale, la capacità di argomentare e motivare il processo seguito nell'elaborazione del progetto.

8. Il colloquio dei candidati con disabilità e disturbi specifici di apprendimento si svolge nel rispetto di quanto previsto dall'art. 20 del d.lgs. n. 62 del 2017.

9. La commissione dispone di venti punti per la valutazione del colloquio. La commissione procede all'attribuzione del punteggio del colloquio sostenuto da ciascun candidato nello stesso giorno nel quale il colloquio viene espletato. Il punteggio viene attribuito dall'intera commissione, compreso il presidente, secondo i criteri di valutazione stabiliti in sede di riunione preliminare.

10. Per i candidati delle classi/commissioni interessate dal progetto EsaBac si rinvia a quanto specificato nel d.m. n. 95 del 2013. Ai sensi dell'art 3, co. 2, del d.m. n. 95 del 2013, il presidente della commissione può autorizzare la collaborazione di personale esperto, per la

valutazione della prova scritta della disciplina della storia, quale il docente conversatore di lingua, già utilizzato durante l'anno scolastico. Parimenti, per l'EsaBac *techno,* trova applicazione l'art. 4, co. 2, del d.m. n. 614 del 2016.

Articolo 20
Esame dei candidati con disabilità

1. Gli studenti con disabilità sono ammessi a sostenere l'esame di Stato conclusivo del secondo ciclo di istruzione secondo quanto disposto dal precedente articolo 2. Il consiglio di classe stabilisce la tipologia delle prove d'esame e se le stesse hanno valore equipollente all'interno del piano educativo individualizzato.
2. Ai sensi dell'art. 20 del d. lgs. n. 62 del 2017, la commissione d'esame, sulla base della documentazione fornita dal consiglio di classe relativa alle attività svolte, alle valutazioni effettuate e all'assistenza prevista per l'autonomia e la comunicazione, predispone una o più prove differenziate, in linea con gli interventi educativo-didattici attuati sulla base del piano educativo individualizzato e con le modalità di valutazione in esso previste. Tali prove, ove di valore equipollente, determinano il rilascio del titolo di studio conclusivo del secondo ciclo di istruzione. Nel diploma finale non viene fatta menzione dello svolgimento di prove differenziate.
3. Per la predisposizione, lo svolgimento e la correzione delle prove d'esame, la commissione può avvalersi del supporto dei docenti e degli esperti che hanno seguito lo studente durante l'anno scolastico. Il docente di sostegno e le eventuali altre figure a supporto dello studente con disabilità vengono nominati dal presidente della commissione sulla base delle indicazioni del documento del consiglio di classe, acquisito il parere della commissione. Per la correzione delle prove d'esame sono predisposte griglie di valutazione

specifiche, in relazione alle prove differenziate.
4. I testi della prima e della seconda prova scritta sono trasmessi dal Ministero anche in codice Braille, ove vi siano scuole che le richiedano per candidati non vedenti. Per i candidati che non conoscono il codice Braille si possono richiedere ulteriori formati (audio e/o testo), oppure la Commissione può provvedere alla trascrizione del testo ministeriale su supporto informatico, mediante scanner fornito dalla scuola, autorizzando in ogni caso anche la utilizzazione di altri ausili idonei, abitualmente in uso nel corso dell'attività scolastica ordinaria. Per i candidati ipovedenti, I testi della prima e della seconda prova scritta sono trasmessi in conformità alle richieste delle singole scuole le quali indicano su apposita funzione SIDI tipologia, dimensione del carattere e impostazione interlinea.
5. Per quanto riguarda le prove per candidati ricoverati e/o presso case di reclusione, solo in casi eccezionali, debitamente documentati, è possibile richiedere alla Struttura tecnica esami di Stato, tramite l'Ufficio scolastico regionale di riferimento, un apposito Plico cartaceo che, come per le prove in formato Braille, va ritirato presso l'Amministrazione centrale, con le modalità che saranno successivamente comunicate. In ogni caso, per tutte le prove in formato speciale le scuole daranno comunicazione anche alla Struttura tecnica esami di Stato via email *(segr.servizioisp@istruzione.it)*.
6. La commissione può assegnare un tempo differenziato per l'effettuazione delle prove da parte del candidato con disabilità. I tempi più lunghi nell'effettuazione delle prove scritte, anche in modalità grafica o scrittografica, compositivo/esecutiva musicale e coreutica, e del colloquio, previsti dall'art.16, co. 3, della legge 3 febbraio 1992, n. 104, non possono di norma comportare un maggior numero di giorni rispetto a quello stabilito dal calendario degli esami. In casi eccezionali, la commissione, tenuto conto della gravità della disabilità, della relazione del consiglio di

classe, delle modalità di svolgimento delle prove durante l'anno scolastico, può deliberare lo svolgimento di prove equipollenti in un numero maggiore di giorni.

7. Il colloquio dei candidati con disabilità si svolge nel rispetto di quanto previsto dall'art. 20 del d.lgs. 62 del 2017. A ciascun candidato la commissione sottopone i materiali di cui all'art. 19, comma 1, secondo periodo, predisposti in coerenza con il piano educativo individualizzato, da cui prende avvio il colloquio.

8. Agli studenti con disabilità, per i quali sono state predisposte dalla commissione prove non equipollenti a quelle ordinarie sulla base del piano educativo individualizzato o che non partecipano agli esami o che non sostengono una o più prove, viene rilasciato un attestato di credito formativo recante gli elementi informativi relativi all'indirizzo e alla durata del corso di studi seguito, alle discipline comprese nel piano di studi, con l'indicazione della durata oraria complessiva destinata a ciascuna delle valutazioni, anche parziali, ottenute in sede di esame. I suddetti studenti, qualora non svolgano una o più prove scritte, sono ammessi alla prova orale, con l'indicazione sul tabellone dei risultati delle prove scritte, rapportati in quarantesimi. Il punteggio complessivo delle prove scritte risulterà a verbale e potrà essere calcolato in automatico con l'utilizzo dell'applicativo "Commissione web" o, in alternativa, determinato proporzionalmente.

9. Per gli studenti con disabilità, il riferimento all'effettuazione delle prove differenziate è indicato solo nell'attestazione e non nelle tabelle affisse all'albo dell'istituto.

10. Agli studenti ammessi dal consiglio di classe a svolgere nell'ultimo anno un percorso di studio conforme alle Linee guida e alle Indicazioni nazionali e a sostenere l'esame di Stato, a seguito di valutazione positiva in sede di scrutinio finale, è attribuito per il terzultimo e penultimo anno un credito scolastico sulla base della votazione riferita al piano educativo individualizzato. Relativamente allo

scrutinio finale dell'ultimo anno di corso si applicano le disposizioni di cui al precedente art. 8.

Articolo 21
Esame dei candidati con DSA e BES

1. Gli studenti con disturbo specifico di apprendimento (DSA), certificato ai sensi della l. n. 170 del 2010 sono ammessi a sostenere l'esame di Stato conclusivo del secondo ciclo di istruzione secondo quanto disposto dal precedente articolo 2, sulla base del piano didattico personalizzato.
2. La commissione d'esame, sulla base di quanto previsto dal d.m. n. 5669 del 2011, di attuazione della legge 8 ottobre 2010, n. 170, nonché dalle Linee Guida allegate al citato provvedimento, considerati gli elementi fomiti dal consiglio di classe, tiene in debita considerazione le specifiche situazioni soggettive adeguatamente certificate e, in particolare, le modalità didattiche e le forme di valutazione individuate nell'ambito dei percorsi didattici individualizzati e personalizzati. A tal fine, il consiglio di classe trasmette alla commissione d'esame il piano didattico personalizzato; sulla base di tale documentazione e di tutti gli elementi fomiti dal consiglio di classe, la commissione predispone adeguate modalità di svolgimento delle prove scritte e orali. Nello svolgimento delle prove scritte, i candidati con DSA possono utilizzare tempi più lunghi di quelli ordinari per l'effettuazione delle prove scritte e utilizzare gli strumenti compensativi previsti dal piano didattico personalizzato e che siano già stati impiegati per le verifiche in corso d'anno o comunque siano ritenuti funzionali allo svolgimento dell'esame, senza che venga pregiudicata la validità delle prove scritte. I candidati possono usufruire di dispositivi per l'ascolto dei testi della prova registrati in formati "mp3". Per la piena comprensione del testo delle prove scritte, la commissione può prevedere, in conformità con quanto indicato dal capitolo 4.3.1 delle

Linee guida citate, di individuare un proprio componente che legga i testi delle prove scritte. Per i candidati che utilizzano la sintesi vocale, la commissione può provvedere alla trascrizione del testo su supporto informatico. Sarà possibile inoltre prevedere alcune particolari attenzioni finalizzate a rendere sereno per tali candidati lo svolgimento dell'esame sia al momento delle prove scritte, sia in fase di colloquio. Gli studenti che sostengono con esito positivo l'esame di Stato alle condizioni di cui al presente comma conseguono il diploma conclusivo del secondo ciclo di istruzione. Nel diploma non viene fatta menzione dell'impiego degli strumenti compensativi.

3. I candidati con certificazione di DSA, che, ai sensi dell'articolo 6, co. 6, del d.m. n. 5669 del 12 luglio 2011 e dell'art. 20, co. 13, del d. lgs. 13 aprile 2017 n. 62, hanno seguito un percorso didattico differenziato, con esonero dall'insegnamento della/e lingua/e straniera/e, e che sono stati valutati dal consiglio di classe con l'attribuzione di voti e di un credito scolastico relativi unicamente allo svolgimento di tale percorso, in sede di esame di Stato sostengono prove differenziate, non equipollenti a quelle ordinarie, coerenti con il percorso svolto, finalizzate solo al rilascio dell'attestato di credito formativo di cui all'art. 20, co. 5, del d.lgs. 62 del 2017. Per detti candidati, il riferimento all'effettuazione delle prove differenziate è indicato solo nell'attestazione e non nelle tabelle affisse all'albo dell'istituto.

4. Per i candidati con certificazione di DSA che, ai sensi dell'art. 6, co. 5, del d.m. n. 5669 del 12 luglio 2011, hanno seguito un percorso didattico ordinario, con la sola dispensa dalle prove scritte ordinarie di lingua straniera, la commissione, nel caso in cui la lingua straniera sia oggetto di seconda prova scritta, sottopone i candidati medesimi a prova orale sostitutiva della prova scritta. La commissione, sulla base della documentazione fornita dal consiglio di classe, di cui al precedente articolo 6, stabilisce modalità e contenuti della prova orale, che avrà luogo nel giorno

destinato allo svolgimento della seconda prova scritta, al termine della stessa, o in un giorno successivo, purché compatibile con la pubblicazione del punteggio delle prove scritte e delle prove orali sostitutive delle prove scritte nelle forme e nei tempi previsti nei precedenti articoli. Il punteggio, in ventesimi, viene attribuito dall'intera commissione a maggioranza, compreso il presidente, secondo i criteri di conduzione e valutazione previamente stabiliti in apposita o apposite riunioni e con l'osservanza della procedura di cui al precedente art. 18. Gli studenti che sostengono con esito positivo l'esame di Stato alle condizioni cui al presente comma conseguono il diploma conclusivo del secondo ciclo di istruzione. Nel diploma non viene fatta menzione della dispensa dalla prova scritta di lingua straniera.

5. Il colloquio dei candidati con certificazione di DSA si svolge nel rispetto di quanto previsto dall'art. 20 del d.lgs. n. 62 del 2017. A ciascun candidato la commissione sottopone i materiali di cui all'art. 19, comma 1, secondo periodo, predisposti in coerenza con il piano didattico personalizzato, da cui prende avvio il colloquio.

6. Per altre situazioni di studenti con bisogni educativi speciali (BES), formalmente individuati dal consiglio di classe, devono essere fomite dal medesimo organo utili e opportune indicazioni per consentire a tali allievi di sostenere adeguatamente l'esame di Stato. La commissione d'esame, esaminati gli elementi forniti dal consiglio di classe, tiene in debita considerazione le specifiche situazioni soggettive, relative ai candidati con BES. A tal fine il consiglio di classe trasmette alla commissione d'esame l'eventuale piano didattico personalizzato. In ogni caso, per tali studenti non è prevista alcuna misura dispensativa in sede di esame, mentre è possibile concedere strumenti compensativi, in analogia a quanto previsto per studenti con DSA, solo nel caso in cui siano già stati impiegati per le verifiche in corso d'anno o

comunque siano ritenuti funzionali allo svolgimento dell'esame senza che venga pregiudicata la validità delle prove scritte. Gli studenti che sostengono con esito positivo l'esame di Stato alle condizioni cui al presente comma conseguono il diploma conclusivo del secondo ciclo di istruzione.

Articolo 22
Assenze dei candidati. Sessione suppletiva e straordinaria

1. Ai candidati che, a seguito di assenza per malattia da accertare con visita fiscale o dovuta a grave documentato motivo, riconosciuto tale dalla commissione, si trovino nell'assoluta impossibilità di partecipare alle prove scritte, è data facoltà di sostenere le prove stesse nella sessione suppletiva; per l'invio e la predisposizione dei testi della prima e seconda prova scritta si seguono le modalità di cui ai precedenti articoli.
2. Ai fini di cui sopra, i candidati che siano stati assenti entro i tempi di svolgimento della seconda prova scritta hanno facoltà di chiedere di essere ammessi a sostenere le prove scritte suppletive, presentando probante documentazione entro il giorno successivo a quello di effettuazione della prova medesima. Per gli istituti nei quali la seconda prova si svolge in più giorni, il termine è fissato nel giorno successivo a quello d'inizio della prova stessa.
3. In casi eccezionali, qualora non sia assolutamente possibile sostenere le prove scritte nella sessione suppletiva o sostenere il colloquio entro il termine previsto dal calendario deliberato dalla commissione, i candidati che si trovino nelle condizioni di cui al precedente comma 1 possono chiedere di sostenere una o più prove dell'esame di Stato in un'apposita sessione straordinaria.
4. La commissione, una volta deciso in merito alle istanze, dà comunicazione agli interessati e all'Ufficio scolastico regionale competente. Il Ministero, sulla base dei dati forniti

dai competenti Uffici scolastici regionali fissa, con apposito provvedimento, i tempi e le modalità di effettuazione degli esami in sessione straordinaria.
5. La commissione può disporre che, in caso di assenza dei candidati determinata dai motivi di cui al comma 1, il colloquio si svolga in giorni diversi da quelli nei quali i candidati stessi sono stati convocati, purché non oltre il termine di chiusura dei lavori della commissione fissato nel calendario.
6. In casi eccezionali, qualora nel corso dello svolgimento delle prove d'esame un candidato sia impossibilitato in tutto o in parte a proseguire o completare le prove stesse secondo il calendario prestabilito, il presidente, con propria deliberazione, stabilisce in qual modo l'esame stesso debba proseguire o essere completato, ovvero se il candidato debba essere rinviato alle prove suppletive per la prosecuzione o per il completamento.
7. Qualora nello stesso istituto operino più commissioni, i candidati alle prove scritte suppletive appartenenti a dette commissioni possono essere assegnati dall'Ufficio scolastico regionale a un'unica commissione. Quest'ultima provvede alle operazioni consequenziali e trasmette, a conclusione delle prove, gli elaborati alle commissioni di provenienza dei candidati, competenti a valutare gli elaborati stessi.

Articolo 23
Verbalizzazione

1. La commissione verbalizza tutte le attività che caratterizzano lo svolgimento dell'esame, nonché l'andamento e le risultanze delle operazioni di esame riferite a ciascun candidato.
2. La verbalizzazione descrive sinteticamente ma fedelmente le attività della commissione e chiarisce le ragioni per le quali si perviene a determinate decisioni, in modo che il lavoro di ciascuna commissione possa risultare

trasparente in tutte le sue fasi e nella sua interezza e che le deliberazioni adottate siano pienamente e congruamente motivate.
3. Nella compilazione dei verbali la commissione utilizzerà, di norma, l'applicativo "Commissione web" che permette una più completa ed agevole verbalizzazione di tutte le fasi di svolgimento dell'esame.

Articolo 24
Voto finale, certificazione, adempimenti conclusivi

1. Ciascuna classe/commissione d'esame si riunisce per le operazioni finalizzate alla valutazione finale e all'elaborazione dei relativi atti subito dopo la conclusione dei colloqui relativi alla medesima classe/commissione, compresi quelli dei candidati che hanno sostenuto le prove scritte nella sessione suppletiva.
2. Ai sensi dell'art. 18, co. I, del d. lgs. 62 del 2017, a conclusione dell'esame di Stato è assegnato a ciascun candidato un punteggio finale complessivo in centesimi, che è il risultato della somma dei punti attribuiti dalla Commissione d'esame alle prove e al colloquio, e dei punti acquisiti per il credito scolastico di ciascun candidato, per un massimo di quaranta punti. La commissione d'esame dispone di un massimo venti punti per la valutazione di ciascuna delle prove scritte e di un massimo di venti punti per la valutazione del colloquio.
3. Il punteggio minimo complessivo per superare l'esame di Stato è di sessanta centesimi.
4. Ai sensi dell'articolo 18 comma 5 del d. lgs. 62 del 2017, fermo restando il punteggio massimo di cento centesimi, la commissione d'esame può motivatamente integrare il punteggio fino a un massimo di cinque punti ove il candidato abbia ottenuto un credito scolastico di almeno trenta punti e un risultato complessivo nelle prove d'esame pari ad almeno cinquanta punti.
5. La commissione all'unanimità può motivatamente

attribuire la lode a coloro che conseguono il punteggio massimo di cento punti senza fruire della predetta integrazione del punteggio, a condizione che:
a) abbiano conseguito il credito scolastico massimo con voto unanime del consiglio di classe. Nei casi di abbreviazione del corso di studi per merito, il credito scolastico è attribuito, per l'anno non frequentato, nella misura massima prevista per lo stesso dalla Tabella A allegata al d. lgs. 62 del 2017;
b) abbiano conseguito il punteggio massimo previsto per ogni prova d'esame.
6. I presidenti di commissione, qualora lo ritengano opportuno, possono trasmettere al competente Ufficio scolastico regionale un'apposita relazione contenente osservazioni sullo svolgimento delle prove e sui livelli di apprendimento degli studenti, nonché proposte migliorative dell'esame di Stato.
7. Il coordinatore regionale dei Dirigenti tecnici, anche avvalendosi degli elementi forniti di Dirigenti tecnici che hanno svolto l'attività di vigilanza, predispone una relazione conclusiva sull'andamento generale dell'esame di Stato. Tale relazione è trasmessa contestualmente al competente Ufficio scolastico regionale, alla Direzione generale per gli ordinamenti scolastici e la valutazione del sistema nazionale di istruzione e al Coordinatore della struttura tecnica esami di Stato.
8. I presidenti delle commissioni giudicatrici sono competenti al rilascio dei diplomi; nel caso in cui gli stessi non siano disponibili per la firma prima del termine di chiusura della sessione d'esame, i presidenti medesimi delegano il dirigente scolastico dell'istituto sede d'esame a provvedere alla compilazione, alla firma ed alla consegna dei diplomi stessi.
9. Si rammenta che i certificati rilasciati dai dirigenti delle istituzioni scolastiche, a richiesta degli interessati - a seguito della Direttiva n. 14 del 2011 del Ministro della

pubblica amministrazione e della semplificazione, emanata in attuazione dell'art. 15, co. 1, della legge 12 novembre 2011, n. 183 - devono riportare, a pena di nullità, la dicitura: «*Il presente certificato non può essere prodotto agli organi della pubblica amministrazione o ai privati gestori di pubblici servizi.*» Tale dicitura, invece, non deve essere apposta sull'originale del diploma di superamento dell'esame di Stato, in quanto il diploma non costituisce certificato, ma titolo di studio.
10. Per i candidati che hanno superato l'esame EsaBac ed EsaBac *techno,* le istituzioni scolastiche producono il certificato provvisorio attraverso il sistema SIDI.
11. Al termine dell'esame, ove sia possibile redigere in tempo utile i diplomi, la commissione può provvedere a consegnare gli stessi direttamente ai candidati che hanno superato l'esame. Per l'esame EsaBac ed EsaBac *techno,* il diploma di Baccalauréat viene consegnato in tempi successivi.

Articolo 25
Supplemento Europass al certificato

1. Gli istituti scolastici di istruzione secondaria di secondo grado rilasciano, per tutti i percorsi di studio, insieme al diploma, il "Supplemento Europass al certificato".
2. Il "Supplemento Europass al certificato" è un documento standard, diffuso e riconosciuto nell'Unione europea, riferito a ciascun indirizzo di studio, che contiene informazioni riguardanti il percorso ufficiale compiuto dallo studente per acquisire il diploma, il corrispondente livello EQF *(European Qualifications Framework),* le competenze generali e d'indirizzo e le attività professionali cui il diplomato potrebbe accedere, anche in contesti di mobilità transnazionale.
3. Quindi, il "Supplemento Europass al certificato" descrive in modo standard il percorso e indirizzo di istruzione secondaria di secondo grado, consentendo di dare sinteticamente trasparenza al titolo di studio in termini soprattutto di

competenze attese e di possibili sbocchi professionali. Esso costituisce un complemento del diploma finale e non rappresenta una certificazione delle competenze acquisite dal singolo studente.
4. I Supplementi sono resi disponibili alle scuole nell'apposita area SIDI Gestione alunni - Esami di Stato - Adempimenti finali.
5. Ciascun certificato sarà precompilato in automatico con i dati della scuola e del diplomato con il riferimento al numero di diploma di cui costituisce un supplemento. Pertanto, considerata la sua natura di documento standard, le scuole non apporteranno alcuna modifica, ma stamperanno il certificato e lo consegneranno allo studente diplomato, come da nota del MIUR - Direzione generale per gli ordinamenti scolastici e la valutazione del s.n.i. 1° giugno 2016, prot. n.5952.
6. Il Supplemento Europass al certificato tiene luogo, per il corrente anno scolastico, del *curriculum* dello studente di cui all'articolo 2 L co. 2, del d. lgs. n. 62 del 2017.

Articolo 26
Pubblicazione dei risultati

1. L'esito dell'esame, con l'indicazione del punteggio finale conseguito, inclusa la menzione della lode qualora attribuita dalla commissione, è pubblicato, contemporaneamente per tutti i candidati di ciascuna classe, all'albo dell'istituto sede della commissione, con la sola indicazione della dizione "Non diplomato" nel caso di mancato superamento dell'esame stesso
2. Il punteggio finale deve essere riportato, a cura della commissione, sulla scheda di ciascun candidato e sui registri d'esame.
3. L'esito della parte specifica dell'esame EsaBac ed EsaBac *techno,* con l'indicazione del punteggio finale conseguito, è pubblicato, per tutti i candidati, nell'albo dell'istituto sede della commissione, con la formula: "Esito EsaBac/EsaBac *techno:*

punti...." in caso di risultato positivo; con la sola indicazione "Esito EsaBac/EsaBac *techno:* esito negativo" nel caso di mancato superamento dell'esame relativo a detta parte specifica.

4. Nel caso degli studenti che conseguono agli esami la votazione di cento/centesimi con l'attribuzione della lode, la scuola provvede, ai sensi dell'articolo 7, comma 2, del decreto legislativo 29 dicembre 2007, n. 262, all'acquisizione del consenso dei medesimi, ai fini della pubblicazione dei relativi nominativi nell'Albo nazionale delle eccellenze.

Articolo 27
Versamento tassa erariale e contributo

1. Il versamento della tassa erariale da parte dei candidati interni è richiesto dalle istituzioni scolastiche all'atto dell'iscrizione all'esame.

2. Il pagamento della tassa erariale per esami deve essere effettuato dai candidati esterni al momento della presentazione della domanda di partecipazione all'esame di Stato.

3. Il versamento dell'eventuale contributo da parte di candidati esterni nella misura richiesta, regolarmente deliberata dal consiglio d'istituto di ogni singola istituzione scolastica, è dovuto esclusivamente qualora essi debbano sostenere esami con prove pratiche di laboratorio. Il pagamento del predetto contributo da parte dei candidati esterni deve essere effettuato e documentato all'istituto di assegnazione dei candidati, successivamente alla definizione della loro sede d'esame da parte del competente Ufficio scolastico regionale. Il contributo è restituito, su istanza dell'interessato, ove le prove pratiche non siano state effettivamente sostenute in laboratorio. La misura del contributo, pur nel rispetto delle autonome determinazioni e attribuzioni delle istituzioni scolastiche sia statali che paritarie, deve comunque essere stabilita con riferimento ai costi effettivamente sostenuti per le predette

prove di laboratorio. In caso eventuale di cambio di assegnazione d'istituto, il contributo già versato viene trasferito, a cura del primo, al secondo istituto, con obbligo di conguaglio ove il secondo istituto abbia deliberato un contributo maggiore ovvero con diritto a rimborso parziale ove il contributo richiesto sia di entità inferiore.

Articolo 28
Accesso ai documenti scolastici e trasparenza

1. Gli atti e i documenti relativi agli esami di Stato devono essere consegnati con apposito verbale al dirigente scolastico o a chi ne fa le veci, il quale è responsabile della loro custodia e della procedura di accesso ai sensi della legge 7 agosto 1990, n. 241. In caso di accoglimento delle istanze di accesso il dirigente scolastico, alla presenza di personale della scuola, procede all'apertura del plico sigillato redigendo apposito verbale sottoscritto dai presenti, che verrà inserito nel plico stesso da sigillare immediatamente dopo.

Articolo 29
Termini

1. I termini indicati nella presente ordinanza, nell'ipotesi in cui vengano a cadere in un giorno festivo, sono di diritto prorogati al giorno seguente.

Articolo 30
Esame nella Regione Valle d'Aosta, nella Provincia autonoma di Bolzano e nelle scuole con lingua di insegnamento slovena e con insegnamento bilingue sloveno-italiano

1. Per la regione Valle d'Aosta si applicano le disposizioni di cui alla presente ordinanza a eccezione d1 quelle incompatibili con la legge della Regione autonoma Valle d'Aosta 17 dicembre 2018, n. 1, recante *"Disciplina dello svolgimento delle prove di francese all'esame di Stato del secondo ciclo di*

istruzione in Valle d'Aosta".

2. Nella Provincia autonoma di Bolzano, le modalità di svolgimento della terza prova scritta sono disciplinate dal decreto del Presidente della Provincia autonoma di Bolzano 27 aprile 2018, n. 13, concernente *"Regolamento di esecuzione relativo agli esami di Stato conclusivi del primo ciclo di istruzione e dei percorsi di istruzione secondaria di secondo grado".*

3. Per le scuole con lingua di insegnamento slovena e con insegnamento bilingue sloveno-italiano del Friuli Venezia Giulia si applicano le disposizioni di cui alla presente ordinanza, nonché l'articolo 5 del d.m. n. 37 del 2019.

Articolo 31
Disposizioni organizzative

1. Ai fini dello snellimento dell'azione amministrativa e di una più celere definizione degli adempimenti, i Dirigenti preposti agli Uffici scolastici regionali valutano l'opportunità di conferire specifiche deleghe ai dirigenti in servizio presso gli Uffici scolastici regionali o le strutture periferiche del territorio di rispettiva competenza.

2. L'invio delle prove scritte avviene attraverso il "plico telematico", contenente i testi della prima e della seconda prova scritta (nonché, ove prevista, della terza prova scritta). Ciascuna sede di esame diviene destinataria del "plico telematico", documento digitale, protetto con procedimenti di cifratura, e, a tal fine, il dirigente scolastico deve garantire la dotazione tecnica indispensabile e almeno un *"referente di sede".*

